Student

Das Recht auf den eigenen Tod

Das Recht auf den eigenen Tod

Herausgegeben von
Johann-Christoph Student

Mit Beiträgen von
Klaus Dörner, Hans Grewel,
Klaus Kutzer und
Johann-Christoph Student

Patmos Verlag
Düsseldorf

Elisabeth Kübler-Ross, meiner großen Lehrerin, in Dankbarkeit gewidmet.

Die Deutsche Bibliothek – CIP-Einheitsaufnahme

Das **Recht auf den eigenen Tod** / Johann-Christoph Student (Hrsg.).
Mit Beitr. von Klaus Dörner ... –
2. Aufl. – Düsseldorf : Patmos-Verl., 1996
ISBN 3-491-72293-4
NE: Student, Johann-Christoph [Hrsg.]; Dörner, Klaus

2. Auflage 1996
Umschlagbild: Ferdinand Hodler, Sonnenuntergang am Genfer See, 1915 (Ausschnitt)
Gesamtherstellung: Bercker Graphischer Betrieb GmbH, Kevelaer
ISBN 3-491-72293-4

Inhalt

Das Märchen vom Gevatter Tod

Erzählt von den Brüdern Grimm

Es hatte ein armer Mann zwölf Kinder und mußte Tag und Nacht arbeiten, damit er ihnen nur Brot geben konnte. Als nun das dreizehnte zur Welt kam, wußte er sich in seiner Not nicht zu helfen, lief hinaus auf die große Landstraße und wollte den ersten, der ihm begegnete, zu Gevatter bitten. Der erste, der ihm begegnete, das war der liebe Gott, der wußte schon, was er auf dem Herzen hatte, und sprach zu ihm: »Armer Mann, du dauerst mich, ich will dein Kind aus der Taufe heben, will für es sorgen und es glücklich machen auf Erden.« Der Mann sprach: »Wer bist du?« –»Ich bin der liebe Gott.« – »So begehr ich dich nicht zu Gevatter«, sagte der Mann, »du gibst dem Reichen und lässest den Armen hungern.« Das sprach der Mann, weil er nicht wußte, wie weislich Gott Reichtum und Armut verteilt. Also wendete er sich von dem Herrn und ging weiter. Da trat der Teufel zu ihm und sprach: »Was suchst du? Willst du mich zum Paten deines Kindes nehmen, so will ich ihm Gold in Hülle und Fülle und alle Lust der Welt dazu geben.« Der Mann fragte: »Wer bist du?« – »Ich bin der Teufel.« – »So begehr ich dich nicht zum Gevatter«, sprach der Mann, »du betrügst und verführst die Menschen.« Er ging weiter, da kam der dürrbeinige Tod auf ihn zugeschritten und sprach: »Nimm mich zu Gevatter.« Der Mann fragte: »Wer bist du?« – »Ich bin der Tod, der alle gleich macht.«

Da sprach der Mann: »Du bist der rechte, du holst den Reichen wie den Armen ohne Unterschied, du sollst mein Gevatter sein.« Der Tod antwortete: »Ich will dein Kind reich und berühmt machen, denn wer mich zum Freunde hat, dem kann's nicht fehlen.« Der Mann sprach: »Künftigen Sonntag ist die Taufe, da stelle dich zu rechter Zeit ein.« Der Tod erschien, wie er versprochen hatte, und stand ganz ordentlich Gevatter.

Als der Knabe zu Jahren gekommen war, trat zu einer Zeit der Pate ein und hieß ihn mitzugehen. Er führte ihn hinaus in den Wald, zeigte ihm ein Kraut, das da wuchs, und sprach: »Jetzt sollst du dein Patengeschenk empfangen. Ich mache dich zu einem berühmten Arzt. Wenn du zu einem Kranken gerufen wirst, so will ich dir jedesmal erscheinen; steh ich zu Häupten des Kranken, so kannst du keck sprechen, du wolltest ihn wieder gesund machen, und gibst du ihm dann von jenem Kraut ein, so wird er genesen; stehe ich aber zu Füßen des Kranken, so ist er mein, und du mußt sagen, alle Hilfe sei umsonst, und kein Arzt in der Welt könne ihn retten. Aber hüte dich, daß du das Kraut nicht gegen meinen Willen gebrauchst, es könnte dir schlimm ergehen!«

Es dauerte nicht lange, so war der Jüngling der berühmteste Arzt auf der ganzen Welt. »Er braucht nur den Kranken anzusehen, so weiß er schon, wie es steht, ob er wieder gesund wird oder ob er sterben muß«, so hieß es von ihm, und weit und breit kamen die Leute herbei, holten ihn zu den Kranken und gaben ihm so viel Gold, daß er bald ein reicher Mann war. Nun trug es sich zu, daß der König erkrankte; der Arzt ward berufen und sollte sagen, ob

Genesung möglich wäre. Wie er aber zu dem Bette trat, so stand der Tod zu den Füßen des Kranken, und da war für ihn kein Kraut mehr gewachsen. »Wenn ich doch einmal den Tod überlisten könnte«, dachte der Arzt, »er wird's mir freilich übelnehmen, aber da ich sein Pate bin, so drückt er wohl ein Auge zu: ich will's wagen.« Er faßte also den Kranken und legte ihn verkehrt, so daß der Tod zu Häupten desselben zu stehen kam. Dann gab er ihm von dem Kraute ein, und der König erholte sich und ward wieder gesund. Der Tod aber kam zu dem Arzte, machte ein böses und finsteres Gesicht, drohte mit dem Finger und sagte: »Du hast mich hinter das Licht geführt: diesmal will ich dir's nachsehen, weil du mein Pate bist, aber wagst du das noch einmal, so geht dir's an den Kragen, und ich nehme dich selbst mit fort.«

Bald hernach verfiel die Tochter des Königs in eine schwere Krankheit. Sie war sein einziges Kind, er weinte Tag und Nacht, daß ihm die Augen erblindeten, und ließ bekanntmachen, wer sie vom Tode errettete, der sollte ihr Gemahl werden und die Krone erben. Der Arzt, als er zu dem Bette der Kranken kam, erblickte den Tod zu ihren Füßen. Er hätte sich der Warnung des Paten erinnern sollen, aber die große Schönheit der Königstochter und das Glück, ihr Gemahl zu werden, betörten ihn so, daß er alle Gedanken in den Wind schlug. Er sah nicht, daß der Tod ihm zornige Blicke zuwarf, die Hand in die Höhe hob und mit der dürren Faust drohte; er hob die Kranke auf und legte ihr Haupt dahin, wo die Füße gelegen hatten. Dann gab er ihr das Kraut ein, und alsbald röteten sich ihre Wangen, und das Leben regte sich von neuem.

Der Tod, als er sich zum zweitenmal um sein Eigentum betrogen sah, ging mit langen Schritten auf den Arzt zu und sprach: »Es ist aus mit dir, und die Reihe kommt nun an dich«, packte ihn mit seiner eiskalten Hand so hart, daß er nicht widerstehen konnte, und führte ihn in eine unterirdische Höhle. Da sah er, wie tausend und tausend Lichter in unübersehbaren Reihen brannten, einige groß, andere halbgroß, andere klein. Jeden Augenblick erloschen einige, und andere brannten wieder auf, also daß die Flämmchen in beständigem Wechsel hin und her zu hüpfen schienen. »Siehst du«, sprach der Tod, »das sind die Lebenslichter der Menschen. Die großen gehören Kindern, die halbgroßen Eheleuten in den besten Jahren, die kleinen gehören den Greisen. Doch auch Kinder und junge Leute haben oft nur ein kleines Lichtchen.« – »Zeig mir mein Lebenslicht«, sagte der Arzt und meinte, es wäre noch recht groß. Der Tod deutete auf ein kleines Endchen, das eben auszugehen drohte, und sagte: »Siehst du, da ist es.« – »Ach, lieber Pate«, sagte der erschrockene Arzt, »zündet mir ein neues an, tut mir's zuliebe, damit ich mein Leben genießen kann, König werde und Gemahl der schönen Königstochter.« –»Ich kann nicht«, antwortete der Tod, »erst muß eins erlöschen, eh ein neues anbrennt.« – »So setzt das alte auf ein neues, das gleich fortbrennt, wenn jenes zu Ende ist«, bat der Arzt. Der Tod stellte sich, als ob er seinen Wunsch erfüllen wollte, langte ein frisches großes Licht herbei; aber weil er sich rächen wollte, versah er's beim Umstecken absichtlich, und das Stückchen fiel um und erlosch. Alsbald sank der Arzt zu Boden und war nun selbst in die Hand des Todes geraten.

Auf der Suche nach dem »guten Tod« – Eine persönliche Einführung

Johann-Christoph Student

»Wenn ich jemals Krebs bekomme, werde ich darauf achten, den richtigen Zeitpunkt nicht zu verpassen, mich umzubringen.« Es ist lange her, daß ich diesen Satz einmal sagte. Damals lag gerade das medizinische Staatsexamen hinter mir. Der Satz spiegelt zum einen eine gewisse arrogante Schnoddrigkeit wider, die ich sicherlich mit manch einem meiner jungen Kollegen teilte. Er ließ aber zum anderen auch etwas von meiner Angst erkennen, wie sie viele Ärzte beherrscht: Die tägliche Begegnung mit schwerkranken und leidenden Menschen hat etwas beängstigend Bedrohliches an sich. Es setzt den Helfenden der Frage aus: »Was würdest Du tun, wenn es Dich unmittelbar selbst beträfe?« Die Antwort hierauf besteht häufig eher in einer Vermeidung: »Ich möchte es schnell hinter mich bringen«, heißt es da wohl, oder noch deutlicher: »Dann bringe ich mich eben um.«

Die Begegnung

Ein Jahrzehnt später bin ich meinem so salopp dahergesagten Satz wiederbegegnet. Diese Wiederbegegnung begann an einem düsteren Regenabend, Mitte Dezember. Damals bekam ich einen Anruf, aus dem ich erfuhr, daß die Krebserkrankung meines Freundes Johannes in ein kritisches Stadium eingetreten sei und die ihn behandelnden Ärzte kaum noch Heilungschancen sähen. Wenige Tage später war ich auf dem Weg in die Klinik in Norddeutschland, in der er lag. Welch ein Bild des Jammers bot sich mir dort! Da lag er in seinem Bett, wand sich unter Schmerzen und war fast kein Mensch mehr zu nennen. Er, für den Selbstkontrolle immer so wichtig war, krümmte sich nun unter Schmerzen, quälte sich und andere mit Aggressionen, wälzte sich rastlos in seinem Bett und war nur kurze Phasen lang zu einem Gespräch in der Lage. – Offenbar war niemand in dieser großen, mit modernsten diagnostischen und therapeutischen Technologien ausgestatteten Klinik fähig, seine Schmerzen zu lindern.

»Nein, er hat mich nicht – noch nicht – an meinen Satz erinnert«, ging es mir später auf der Heimfahrt durch den Kopf, »den ich ihm Jahre zuvor leichtfertig gesagt hatte, und hinter dem ich mittlerweile schon längst nicht mehr stand.« Aber hätte er jetzt nicht das Recht, ihn als ein Versprechen aufzufassen und dessen Einlösung bei mir einzuklagen? Denn wenn ich einmal bereit gewesen war, mich selbst in einer kritischen Lebensphase zu töten, bedeutete dies nicht auch, diese Bereitschaft für andere zu haben? – Verzweifelt suchte ich nach Lösungen. Ich wußte damals zwar, daß es »eigentlich« Therapien für solch schwere Schmerzzustände gab, kannte mich in dieser Behandlung jedoch nicht aus; ja, ich wußte noch nicht einmal so recht, woher kompetente Hilfe zu bekommen sei.

Die nächsten Tage beschäftigte mich auf höchst beunruhigende Art und Weise die Frage, wie ich wohl reagieren sollte, wenn mich Johannes um »Hilfe« bitten würde; Hilfe nicht im Sinn wirksamer Schmerzlinderung, sondern in dem Sinn, daß ich ihm helfen sollte, an ein wirksames Mittel zur Selbsttötung zu gelangen.

Meine Angst vor seiner Frage rührte wohl nicht einmal in erster Linie an das ethische Dilemma, das sie für mich beinhaltete. Sie war vielmehr darin begründet, daß ich erst jetzt wirklich spürte, wie gern ich Johannes mochte, wie sehr ich an ihm hing und wie wenig ich ihn gerade jetzt verlieren wollte. Ich spürte, wie ich – selbst, wenn sein Leben nur noch wenig Vitalität besaß – dennoch froh war, daß es ihn wenigstens überhaupt noch gab. – Bestürzt entdeckte ich aber auch die andere Seite: Daß es mich als Arzt kränkte, nicht helfen zu können, und es mir deshalb fast verlockend erschien, wenigstens *etwas* zu tun – und sei es auch nur, ihm das erforderliche Selbsttötungsmittel zu verschaffen.

Aber Johannes ging – wie stets in seinem Leben – seinen eigenen Weg. Bei meinem nächsten Besuch, eine knappe Woche später, sprach er von sich aus in den wenigen Minuten, in denen ihn die Qualen seines Tumors nicht übermannten, das kritische Thema an. Er tat es sehr zurückhaltend, fragend. Im Grunde genommen wollte er wissen, wo ich mittlerweile innerlich stünde. Deshalb fragte er mich nach meiner Position, und in verschlüsselter Form hieß diese Frage: »Würdest Du Dich in meiner Lage selbst töten?« Mir schien es, als sei er durchaus befriedigt zu hören, daß ich mittlerweile nicht mehr der Ansicht war, mein eigenes Leben verkürzen zu wollen, um dem Tod auszuweichen. Auch er hatte dies nicht vor. Aber er brauchte die Unterstützung von Menschen, die ihm dabei halfen, einen für ihn akzeptablen Weg durch die letzte Lebensphase zu finden.

Eine Woche später war er auf sein energisches Drängen hin in eine andere Klinik verlegt worden. Dort bekam er schon wenige Stunden nach seiner Aufnahme die nötige Behandlung mit moderner Schmerztherapie. Er lebte noch einmal auf, und es folgte eine Zeit, die Traurigem wie Frohem ihren Raum ließ. Dies änderte nichts daran, daß sein Sterben für ihn wie für die Menschen, die ihm nahe waren, voller seelischer Schmerzen und Qualen blieb. Jeder Abschied, jeder Verlust ist voll solcher Qualen, und der letzte Abschied beinhaltet davon gewiß nicht weniger. Die Art seines Abschieds aber erleichterte mir meine Trauer um ihn und gab mir zugleich wichtige Impulse, um mich später sterbenden Menschen zuwenden zu können.

»Töte mich!«

Wie häufig das Thema Selbsttötung gerade bei sterbenden Menschen vorkommt, lernte ich später in meiner Arbeit mit todkranken Menschen immer wieder kennen. Es will auf den ersten Blick ja in der Tat widersprüchlich erscheinen, daß ein Mensch, der den sicheren Tod vor Augen hat, eine Erlösung aus dieser Bedrohung darin zu finden meint, daß er sich selber tötet.

Aus meinem eigenen Erleben als Helfer weiß ich andererseits, daß es – besonders für den Arzt – nicht leicht auszuhalten ist, die Macht über einen Prozeß verloren zu haben, was sich auch vielfach in dem resignativen Satz »Wir können nichts mehr für Sie tun« dem Sterbenden gegenüber ausdrückt. – Durchaus Vergleichbares empfindet auch der Sterbende. Für ihn bedeutet die aktive Selbsttötung womöglich ebenfalls einen hilflosen Versuch, Macht über diesen Prozeß wiederzugewinnen. Die Selbsttötung, ebenso wie Bei- und Mithilfe zu ihr, scheint also ein wichtiges und vielfach verschwiegenes Begleitphänomen des Sterbeprozesses und der Sterbebegleitung zu sein. Vielleicht steckt dies ja auch hinter der in der deutschen Sprache besonders deutlichen Verwirrung um den Begriff »Sterbehilfe«, der sowohl »Hilfe *zum* Sterben« als auch »Hilfe *im* Sterben« meinen kann.

Selbsttötung in der Sprache sterbender Menschen

Die schmerzlichsten Erfahrungen im Zusammenhang mit dem Thema Selbsttötung im Angesicht des Todes sind mir in der Begleitung von Menschen mit AIDS begegnet. Es vermag da wenig zu trösten, daß bereits aus den Anfängen der AIDS-Epidemie erschreckend hohe Zahlen für die Selbsttötung von AIDS-Betroffenen angegeben wurden (Deuchar 1984). Im Grunde genommen wird hier allerdings nur deutlich erkennbar, was bei anderen tödlich verlaufenden Erkrankungen durch mangelnde Kräfte der Betroffenen oder auch mangelndes Interesse der Umwelt weniger ins Auge fällt: daß nämlich bei allen unheilbar Erkrankten die Bereitschaft der Betroffenen zur Selbsttötung hoch ist.

Bei *Andreas* (alle Namen redaktionell verändert), einem jungen Mann, Mitte 20, lernte ich besonders nachdrücklich kennen, wie viele Gesichter Selbsttötungswünsche bei sterbenden Menschen haben können. Andreas zeigte das typische Auf und Ab des Befindens, wie es für diese letzte Phase der AIDS-Erkrankung so kennzeichnend ist. Er erschreckte uns alle, die wir ihn in jenen Wochen begleiteten, dadurch, daß er gerade in den Übergangsphasen von einem »Tief« hin zum »Hoch« und umgekehrt intensive Suizidwünsche äußerte.

Seine Selbsttötungsphantasien quälten uns, machten uns aggressiv, brachten uns zur Verzweiflung und ließen uns bisweilen resignierend die Hände in den Schoß legen. Es fiel uns damals schwer, seine Sterbewünsche zu übersetzen und hinter ihnen vielfältige und gewiß sehr unterschiedliche Bedürfnisse zu erkennen. Was uns daran hinderte, die Sprache unseres sterbenden Freundes zu verstehen, war nicht, daß wir unsere Lehrerin *Elisabeth Kübler-Ross* (1967; 1981) nicht gründlich genug gelesen hätten. Was uns hinderte, war die Befangenheit in unseren eigenen »unerledigten Geschäften«, die zu erledigen uns bis dahin nicht gelungen war.

Cicely Saunders, die große alte Dame der Hospiz-Bewegung (vgl. Seite 120 ff.), hat einmal die Sterbewünsche von tödlich erkrankten Menschen in ihren verschiedenen Facetten zu übersetzen versucht (Saunders 1990). Sie meint, daß hinter dieser »Bitte um Sterbehilfe« in den meisten Fällen gar nicht der Wunsch nach der »Erlösungsspritze« steckt, sondern schlicht der Hinweis der Patientin oder des Patienten an seine Helferinnen und Helfer, daß sie oder er den Wunsch hat, daß man sie / ihn ziehen lassen möge, den Dingen ihren *natürlichen Lauf* lassen und nichts mehr unternehmen solle, was das Lebensende weiter hinauszögern könnte. – Die Antwort der Helfenden auf eine solche Art von Bitte sollte dann auch in der Versicherung liegen, daß niemand diesem Todkranken noch lebensverlängernde Medikamente geben werde, wohl aber alle medizinischen und pflegerischen Möglichkeiten nutzen werde, um beeinträchtigende Beschwerden zu lindern, kurz: die verbleibende Lebenszeit »leichter, nicht länger« zu machen.

Oft entsteht der Wunsch nach »aktiver Sterbehilfe« bei dem schwerkranken Menschen auch aus einer Erfahrung *unerträglich gewordener Beschwerden.* Der Betroffene ist des Leidens einfach müde, möchte, daß es endlich endet. Für die Helfenden ist es wichtig, diese Bitte als Herausforderung an ihr ganzes Können anzusehen. Oft genug sind es unerträgliche Schmerzen, die hinter solch verzweifelter Bitte um Hilfe zum Sterben stecken. Beschwerden, gegen die in aller Regel mit Hilfe der Möglichkeiten moderner Schmerztherapie angegangen werden kann (vgl. Seite 90 ff.). Aber mit dieser körperbezogenen Reaktion allein ist es noch nicht getan. Denn alle Beschwerden eines Menschen haben ihre Wurzeln in den vier Dimensionen unserer Existenz: der körperlichen ebenso wie der seelischen, sozialen und spirituellen/religiösen. Deshalb sind hier auch alle HelferInnen gefordert, ihr Bestes zur umfassenden Linderung solcher Beschwerden zu geben.

Nur in äußerst seltenen Ausnahmefällen steht hinter der Bitte um aktive Sterbehilfe wirklich der Wunsch: »töte mich«, meint Cicely Saunders. Nur dieser Wunsch aber ist es, der es wirklich notwendig macht, sich auf eigene ethische Grundpositionen in der Frage der Beihilfe zur Selbsttötung zu besinnen, eine Antwort auf die Frage zu geben, ob es erlaubt sei, diesen stärksten Eingriff in eine menschliche Existenz vorzunehmen.

Aber selbst hier zögere ich noch in Erinnerung an Andreas. Gerade bei ihm sind mir erhebliche Zweifel gekommen, ob es diesen Wunsch »töte mich« wirklich bei sterbenden Menschen in solcher Eindeutigkeit gibt. Heute im Rückblick, nachdem Jahre vergangen sind und ich die Todeswünsche sterbender Menschen intensiver studieren konnte, kommt es mir so vor, als stecke selbst hinter diesem »ultimativen« Tötungswunsch tatsächlich oftmals ein ganz anderes Ultimatum: die entscheidende Frage an den Begleitenden nämlich, »Wie weit bist Du *wirklich* bereit, mich selbst in meinem schlimmsten Leid zu ertragen?« Oder anders ausgedrückt: »Wirst Du mich auch dann noch begleiten, wenn ich Dir ernsthaft und ehrlich die Alternative lasse, dieses Leiden *für uns beide* abzukürzen?« Es ist die Frage des sterbenden Menschen danach, ob seine Umwelt ihn sich noch länger zumuten kann und will – oder aber, ob er zur »Zumutung« zu werden droht. Wer aber könnte und wollte noch wirklich leben, wenn er nur noch mühsam ertragene Zumutung für andere ist?

Ich denke, niemand hat das Recht, die HelferInnen zu tadeln, die irgendwann sagen: »Ich kann nicht mehr«. Im Gegenteil, professionelles Handeln im Umgang mit Menschen in Krisen muß dieses »Ich kann nicht mehr« sogar ausdrücklich möglich machen (Student 1992c). Aber es sollte gewiß nicht den Anlaß dafür bieten, daß der Sterbende als *ultima ratio* den »Freitod« wählen muß. Es gilt, ein solches Ultimatum ernst zu nehmen und ehrlich zu beantworten – im beiderseitigen Interesse. Es geht hier um Grenzen: nämlich die Grenzen der helfenden Person. Wer aber an seine Grenzen kommt, sollte sich nicht scheuen, selbst um Hilfe zu bitten. Nur wer selbst Hilfe annehmen kann, ist auch des Privilegs würdig, Hilfe schenken zu dürfen. Wer das »Ultimatum« eines Sterbenden nicht mehr mit einem eigenen Hilfsangebot ehrlich beantworten kann, hat die Pflicht, sich aus dieser Verantwortlichkeit zurückzuziehen, bis die eigenen Kräfte wieder erstarkt sind. In der Zwischenzeit muß er üben, seinen Ehrgeiz loszulassen und das Feld denen zu überlassen, die noch unverbrauchtere Kräfte haben. Es ist keine Schande, schwach zu sein, aber es ist ein Mißbrauch des Vertrauens, das ein sterbender Mensch in uns setzt, wenn wir unsere Schwäche (die uns erst wirklich zu Menschen macht) *nicht* eingestehen und hieraus keine angemessenen Konsequenzen ziehen.

Über die Fähigkeit, dem Leiden ins Gesicht zu sehen

Wolfgang, ein Hochschullehrer, Ende 60, war an einem Krebs der Bauchspeicheldrüse erkrankt. Aller modernen Medizin gegenüber skeptisch, war er vielleicht unbewußt gar nicht so böse darüber, daß die Ärzte ihm angesichts des weit fortgeschrittenen Krebsleidens keine Therapie mehr anbieten konnten. So nämlich suchte er seinen eigenen Weg und fühlte sich noch eine ganze Reihe von Monaten mit der Hilfe von Heilkräutern, selbst gemixten Tinkturen und Yogaübungen recht wohl. – Als seine Krebserkrankung dann unverkennbar weiter fortschritt, bereitete er auch die letzten Wochen seines Lebensendes sorgfältig vor: Er nahm Kontakt zu Pflegediensten auf, besorgte sich ein spezielles Krankenbett und wählte sich einen homöopathisch orientierten Arzt aus, der auch zu Hausbesuchen bereit war.

Tatsächlich blieben seine körperlichen Beschwerden – wie oft beim Krebs der Bauchspeicheldrüse – relativ gering. Der körperliche Verfall jedoch war unübersehbar, und Wolfgang registrierte mit der ihm eigenen Genauigkeit das Nachlassen der Körperkräfte sehr bewußt; teilte seiner Frau und den erwachsenen Kindern mit, daß er nun ein letztes Mal seinen Garten besichtigt habe; daß ihm schließlich auch Wege in der Wohnung zu viel wurden und er sich auch von dem Blick aus dem Fenster in das herbstlich verfärbte Laub nun trennen wolle, und verlangte schließlich, die lichten Vorhänge seines Zimmers geschlossen zu halten.

Alles schien gut geregelt, ja es *war* gut geregelt. Aber dennoch blieb auch Wolfgang das Leid des Abschieds von dieser Welt nicht erspart. Gerade er, der seinen körperlichen Abschied so bewußt wahrnahm, litt besonders hierunter, sah manchmal mit Verzweiflung auf die Schwäche seines Körpers, empfand tiefen Schmerz über ungelöste familiäre Beziehungen und vor allem: Er sorgte sich um seine Zukunft. Er quälte sich mit dem Gedanken, ob es ihm gelingen werde, die Kontrolle über das, was mit ihm geschah, bis zuletzt aufrecht zu erhalten. Er verwünschte die Last seines Körpers und hoffte schließlich, daß alles »bald und möglichst schnell« vorüber sei. Er wünschte den Tod herbei – und fürchtete sich doch zugleich auch vor ihm und dem, was ihn danach erwartete. Schließlich befürchtete er, daß seine Familie und die HelferInnen nicht bis zuletzt durchhalten könnten und ihn zuletzt womöglich doch noch ins Krankenhaus bringen würden.

Seine Frau, die Kinder und manche der treuen Besucher, ja auch der Hausarzt und die Schwester des Pflegedienstes litten mit Wolfgang. Sie sahen seinen Verfall vielleicht noch deutlicher als er selbst. Sie vermuteten körperliche Schmerzen hinter jedem Seufzer – und sie spürten auch den eigenen seelischen Schmerz angesichts des unausweichlichen Schicksals dieses Menschen, der ihnen so nahe stand. Auch sie fürchteten, daß ihre Kräfte, ihre Tragfähigkeit nicht ausreichen würden, das gemeinsame Leid bis zum Ende zu ertragen. Deswegen stöhnte manch einer von ihnen: »Ich mag's gar nicht mehr mit ansehen.« »Hoffentlich muß Wolfgang nicht mehr so lange leiden.« Oder auch: »Gibt es denn nichts, was dieses Leid abkürzt?«

Wolfgang wollte die Herrschaft über seinen Körper so lange wie möglich aufrechterhalten. Deshalb lehnte er Schmerzmittel zunächst rigoros ab. Einige halbherzige Versuche scheiterten später an den von ihm subjektiv empfundenen Nebenwirkungen, die er nicht duldete. Erst als seine Kräfte so weit nachgelassen hatten, daß er kaum noch in der Lage war, sich zu artikulieren, verordnete der Hausarzt die Injektion eines jener problematischen Schmerzmittel, das vor allem eine betäubend-benebelnde Wirkung entfalten sollte. Daß Wolfgang sich hiergegen nicht vehement wehrte, lag sicherlich an seinem Kräfteverfall und daran, daß er auf irgend eine Weise auch damit einverstanden war. Aber für den distanzierteren Beobachter war zugleich klar, daß die Schmerz- und Beruhigungsmittel offenkundig nicht nur für ihn bestimmt waren. Sie waren zugleich, vielleicht sogar in erster Linie, Beruhigungsmittel für die Angehörigen und auch die HelferInnen. Sie stellten wohl den Kompromiß dar zwischen Wolfgangs Wunsch nach wacher Kontrolle bis zuletzt – und den Bedürfnissen seiner Mitmenschen, seinem Leid nicht tatenlos ausgesetzt zu sein.

Das Beispiel zeigt, daß auch dort, wo »Tötung auf Verlangen« gar nicht ernsthaft in Erwägung gezogen und von keinem der Beteiligten gewollt wird, die Frage nach dem aktiven Eingreifen in einen Lebensprozeß, der seinen eigenen Gesetzen folgt, sich stellt. Auch hier taucht – gut verborgen vor der bewußten Wahrnehmung – die Frage nach der absichtlichen Lebensverkürzung auf. Schlicht deshalb, weil es schwer ist, dem Leid ins Auge zu sehen, es einfach auszuhalten.

Umgekehrt wird daraus verständlich, was das eigentliche Wesen aller Heilkunst seit ihren Anfängen ausmachte: *die Fähigkeit nämlich, dem Leiden ins Gesicht sehen zu können.* Dies ist auch eine der vielschichtigen Botschaften des Märchens vom »Gevatter Tod« (vgl. Seite 7): Der Ruhm jenes Arztes, dem der Tod ein so wundersames Geschenk vermacht hatte, beruhte nicht eigentlich auf seiner Fähigkeit, gesund zu machen, sondern auf seiner Fähigkeit, der Realität des Todes ins Auge zu sehen: seiner Fähigkeit zu erkennen, wann ein Leben endete, und dies den Betroffenen auch mitzuteilen. Der Arzt aus dem

Märchen versagt dort, wo er seinem Wunschdenken, seinem inneren Hoffen auf Heilung wider alle Vernunft nachzugeben versucht. Diese Untreue gegenüber seinem Beruf, seiner Berufung bezahlt er teuer: nämlich mit seinem eigenen Leben.

Mir will es so scheinen, als gebe es solch eine Versuchung, wie die des Arztes im Märchen, auch in der modernen Medizin. Versucht nicht auch die Medizin unserer Tage, mit immer neuen »Tricks« die Tatsache zu vernebeln, daß wir eben alle einmal sterben müssen?

Womöglich hat diese Vermessenheit ähnlich fatale Folgen für uns Ärzte, indem wir gerade hierdurch gezwungen werden, etwas in uns abzutöten, was unsere Lebendigkeit und Menschlichkeit im Kern ausmacht: unsere Gefühle, unsere Weichheit, unsere Fähigkeit mitzuleiden.

»Euthanasie«

Vielleicht ist es auch bei mir selbst ein Zeichen der Verdrängung gewesen, daß ich mich zwar viele Jahre bereits mit dem Thema der Sterbebegleitung in praktischer Tätigkeit ebenso wie wissenschaftlich forschend beschäftigt hatte, aber dem Thema der Tötung auf Verlangen, das in Deutschland mit dem Begriff »Euthanasie« beschönigend umschrieben wird, eher aus dem Weg gegangen bin. Gewiß, ich hatte und habe eine persönliche Position zu diesem Thema und habe diese auch immer wieder persönlich formuliert und begründet. Gewiß, ich habe die Selbsttötung von Menschen zwar zu verstehen versucht, nicht aber diese Verhaltensweise unterstützt, schon gar nicht durch aktives Tun. Dennoch – war das genug?

Als sich – durch die in den Medien hochgespielte Tötung von Schwerkranken und Behinderten – auch bei mir die Anrufe von Menschen häuften, die nach Möglichkeiten der Selbsttötung fragten, weil sie vermuteten, daß meine Art der Sterbebegleitung eine solche »Hilfe« einschließt, war dies der Anlaß für meine Frau und mich, wenigstens ein kleines öffentliches Signal zu setzen, das unsere Position deutlich macht. Das wurde möglich durch die Unterstützung vieler Helferinnen und Helfer und manch hilfreicher »Zufälle«.

Zu diesen hilfreichen Zufällen gehörte insbesondere, daß die Evangelische Fachhochschule Hannover im Wintersemester 1991/92 ihr zwanzigjähriges Bestehen feierte und nach einer angemessenen Form suchte, nicht nur eine »Jubelfeier« zu veranstalten, sondern einen inhaltlichen Akzent zu setzen, der ihren beiden Fachbereichen *Sozialwesen* und *Diakonie* angemessen ist. Der Vorschlag, ein aktuelles, wenngleich brisantes Thema aufzugreifen, bei dem es um eine wichtige Frage der *Ethik in der Medizin* ging, fand lebhafte Resonanz. In bewährter Zusammenarbeit mit dem *Verein für ein erweitertes Heilwesen e.V.*, der *Evangelischen Stadtakademie Hannover* und dem *Katholischen Bildungswerk Hannover*, gefördert von der *Gesellschaft der Freunde und Förderer der Evangelischen Fachhochschule Hannover e.V.*, entstand eine große öffentliche Vorlesungsreihe mit dem Titel »Euthanasie«. Sie wandte sich sowohl an Fachleute (insbesondere an die unterschiedlichen Berufsgruppen im Gesundheitswesen) als auch an interessierte Laien und Betroffene. Aus dieser Vorlesungsreihe entwickelte sich das vorliegende Buch.

Wir wählten den provozierenden, mißverständlichen und mißbrauchten Begriff »Euthanasie« sehr bewußt. Mit dem Thema, das wir der Vorlesungsreihe gaben, sind wir das Risiko eingegangen, anstößig zu wirken. Denn dieser schillernde Begriff ist für uns in Deutschland ja noch immer eng verknüpft mit der Tötung von »lebensunwertem Leben« in der Zeit des Nationalsozialismus. Die Frage danach, was ein Menschenleben wert sei, und danach, was ein Menschenleben für uns wert genug macht, es zu erhalten, ist allerdings auch heute noch durchaus aktuell. Zwar schützt unser Staat das Leben des Einzelnen weitgehend unabhängig von der Frage, ob dieses Leben noch »produktiv« sei. Dennoch muß kritisch gefragt werden, ob die Art, wie wir mit Todkranken, Behinderten und psychisch Kranken umgehen, diese nicht in manchen Fällen zu einem sozialen Tod verurteilt, der kaum weniger ängstigend ist als der körperliche. Gilt nicht letztlich eben doch, daß als vollwertiges Mitglied der Gesellschaft nur angesehen wird, wer jung, gesund und erfolgreich ist? Und: Macht eine solche fatale Tendenz in unserer Gesellschaft es nicht allzu gut verständlich, wenn diejenigen, die unter schweren Behinderungen zu leiden haben, es für erträglicher halten, diesem Leben ein Ende zu setzen? Auch eine Form der Euthanasie am Ende des 20. Jahrhunderts!

Euthanasie hat jedoch noch weitere Aspekte. Die Suche nach einem »guten Tod« (denn das meint der Begriff Euthanasie ursprünglich) ist in unserer Zeit eher zum Wunsch nach einer Vermeidung des eigenen Sterbens geworden. Dies hat sicherlich auch etwas mit den tatsächlichen (oder vermeintlichen) Fortschritten in der Medizin zu tun. Starben noch im Anfang dieses Jahrhunderts die meisten Menschen (rund 80%) an Krankheiten, die innerhalb kurzer Zeit zum Tode führten, so ist es heute gerade umgekehrt. Die meisten von uns – so die Statistik – werden einen lang hingezogenen Tod sterben. In vielen Fällen, so befürchten Menschen unserer Tage wohl zu Recht, wird das vor allem ein Tod unter Qualen sein. Qualen, die auch dadurch verursacht werden, daß Ärzte kein Ende finden in dem, was sie als Therapie anbieten. – Es mag zwar keine Katastrophe sein, *daß* wir alle sterben müssen. Aber es ist bisweilen schon eine Katastrophe, *wie* in Deutschland gestorben wird.

Von der Schwierigkeit der Helferinnen und Helfer

Ärzten fällt der rechte Umgang mit Sterben und Tod in der Regel eher schwerer als dem Durchschnitt der Bevölkerung. Dies zeigen Untersuchungen, die (auch für die Bundesrepublik) nachweisen, daß Ärzte (und Pflegekräfte) eher mehr als weniger Ängste vor Sterben, Tod und Trauer haben als die Durchschnittsbevölkerung (Feifel 1967; Potthoff 1980). Kein Wunder also, wenn es ihnen schwerfällt, dem Sterben dort, wo Heilung nicht mehr möglich ist, seinen natürlichen Lauf zu lassen (Herschbach 1991; Klitzing-Naujoks und Klitzing 1992).

Die Schwierigkeit medizinischer Institutionen, unheilbar tödlich erkrankten Patienten den eigenen, »natürlichen« Tod zu ermöglichen, ohne das Sterben zu beschleunigen oder zu verzögern, hat fatale Folgen: Sie gibt jenen Kräften enormen Aufschwung, die das vorzeitige Beenden des Lebens als probates Mittel der Problemlösung preisen. Kein Wunder, daß in der Bundesrepublik gerade solche Organisationen enormen Zulauf haben, die Anleitungen zum Selbstmord für Behinderte und unheilbar Kranke verbreiten.

Ebenso sind die Tötungen von unheilbar Kranken durch Pflegekräfte, wie sie auch in der Bundesrepublik bekannt wurden, Folge des ungeklärten Umgangs der beruflichen Helferinnen und Helfer mit dem Lebensende. Denn – so haben Soziologen kritisch festgestellt – Ärzten wie Schwestern mangelt es weitgehend an professionellen Umgangsformen mit Sterben, Tod und Trauer (Benoliel 1974). Gegenüber sterbenden Menschen und ihren Angehörigen werden sie vielfach zu Laien, von denen wirkliche Unterstützung in dieser Lebensphase kaum zu erwarten ist.

Wo sind Lösungsansätze zu finden? – In den letzten Jahren haben alternative Umgangsformen, wie sie etwa von der *Hospiz-Bewegung* (vgl. Seite 108 ff.) gelehrt werden, zunehmend Aufmerksamkeit gefunden. Diese aus den angelsächsischen Ländern stammende Form des liebevollen Umsorgens sterbender Menschen ermöglicht ein wirkliches *Leben* bis zuletzt. Als letztes Land der westlichen Industriestaaten hat diese Bewegung nun endlich auch Deutschland erreicht.

Die wichtigsten Impulse zur Fortentwicklung besserer Formen des Umgangs mit leidenden und sterbenden Menschen können nicht von außen kommen. Wie so oft liegen Lösungen nicht bei den anderen, sondern müssen von innen, von uns allen selbst kommen. Dazu gehört, daß wir alle es lernen, das Gegenteil der Verdrängung von Leid zu leben. Nur indem wir unseren Blick schärfen für das Leid und die Qualen anderer und es uns zumuten, unbequeme Fragen an uns selbst zu stellen ebenso wie unbequeme Begegnungen mit uns und unseren eigenen Ängsten und Befürchtungen zu wagen, sind Veränderungen denkbar.

Die Frage danach, wie wir ein menschenwürdiges Leben führen können, auch in Krisenzeiten unserer Existenz und vor allem natürlich in der letzten Lebensphase, wird in den Beiträgen dieses Bandes aus unterschiedlicher Sicht betrachtet: aus der des Arztes und Sozialwissenschaftlers ebenso wie aus der des Juristen und des Theologen. Sie alle haben Wesentliches hierzu aus dem Blickwinkel ihres Fachgebietes mitzuteilen. Dennoch wird solch eine Publikation stets fragmentarisch bleiben, wenn sie nicht der Wachheit, Diskussionsbereitschaft und Handlungsbereitschaft ihrer Leserinnen und Leser gewiß sein darf. Deswegen wünsche ich mir Leserinnen und Leser, die den Mut haben, Dinge sowohl kritisch als auch liebevoll in den Blick zu nehmen, die die Kraft finden, neue Wege zu bedenken, und sich auf den Weg wagen, um neuen Zielen entgegenzugehen.

Dank

Das vorliegende Buch konnte nur entstehen, weil viele Menschen bereit waren, ihren Beitrag hierbei zu leisten. Ihnen allen sei an dieser Stelle gedankt. Besonders nennen möchte ich die Mitautoren des Bandes. Ohne ihre Einsatzbereitschaft und ihr Engagement für ein würdiges Leben bis zum Ende wären weder die Vorlesungsreihe noch diese Publikation möglich gewesen.

Danken möchte ich auch den über 2.000 Teilnehmerinnen und Teilnehmern an der öffentlichen Ringvorlesung »Euthanasie«. Durch ihren Mut, sich als Fachleute, Interessierte und auch unmittelbar Betroffene einem schwierigen Thema zu stellen, und ihre Bereitschaft, miteinander konstruktiv ins Gespräch zu kommen, hat das Thema eine Lebendigkeit bekommen, von der ich mir wünsche, daß sie auch auf die Leserinnen und Leser überspringen möge.

Ein spezieller Dank gilt meiner Frau, die bei diesem Vorhaben couragiert und standfest zu mir gehalten hat und die neben aller inhaltlichen Unterstützung auch bei der Gestaltung des äußeren Rahmens unermüdlich an meiner Seite stand.

Zu danken habe ich natürlich auch der Evangelischen Fachhochschule Hannover und ihren Leitungsgremien, die einem solch brisanten Vorhaben ihre Unterstützung gegeben haben, ebenso wie den Mitveranstaltern, dem Verein für ein erweitertes Heilwesen e.V., der Evangelischen Stadtakademie Hannover und dem Katholischen Bildungswerk Hannover sowie der Gesellschaft der Freunde und Förderer der Evangelischen Fachhochschule Hannover e.V.

Dankbar bin ich nicht zuletzt dem Patmos Verlag und seinem Lektor, Herrn Thomas Schmitz, die das Buchprojekt aufgegriffen und tatkräftig gefördert haben.

Stellvertretend für all die stillen Helferinnen und Helfer im Hintergrund sei Frau *Carola Grigo* erwähnt, die die Manuskripte der Beiträge so sorgfältig geschrieben hat und der gebotenen Eile engagiert Rechnung trug. Ebenso bedanke ich mich bei Frau *Marianne Georgiadis,* der treuen Helferin, die das Manuskript in bewährter Weise kritisch durchgesehen hat.

Mein Dank gilt – ganz gewiß nicht an letzter Stelle – all jenen Familien, die mich vertrauensvoll hineingenommen haben in ihr Leben und Erleben und denen ich alle entscheidenden Erfahrungen und Einsichten verdanke, die mich mit der Frage eines menschenwürdigen Sterbens verbinden. Er verbindet sich mit dem Dank an meine großartige Lehrerin *Elisabeth Kübler-Ross,* die mich gemeinsam mit ihren MitarbeiterInnen *Gregg Furth* und *Beth Weiner* dabei unterstützt, diese Erfahrungen im Umgang mit anderen und mir selbst für die Verbesserung der Situation Sterbender und Trauernder fruchtbar zu machen.

Tödliches Mitleid

Klaus Dörner

Wolf Wolfensberger hat in seinem von uns übersetzten Buch »Der neue Genozid an den Benachteiligten, Alten und Behinderten« (Wolfensberger 1991) auf eine mich zutiefst erschreckende Art Material zu seiner Schätzung zusammengetragen, daß in den USA jährlich etwa 200.000 Menschen durch das Gesundheits- und Sozialsystem zu Tode kommen – und dies zumeist durch indirektes, arbeitsteiliges Handeln von Mitarbeitern, wobei jeder für seinen Beitrag ein gutes Gewissen haben mag. Beispiel: Wenn man alte Menschen aus ihrer Wohnung zunächst in ein Krankenhaus, dann in ein Heim, dann vielleicht noch von einer Abteilung des Heimes in eine andere verlegt, wird ein Drittel dieser alten Menschen nach einiger Zeit genau daran gestorben sein. Wolfensberger hält seinen Begriff »Genozid« für gerechtfertigt, weil dies für die USA eine höhere Tötungsrate darstellt, als selbst die Nazis sie zustande gebracht haben. Er beschreibt als Basis für ein solches »Totmachen« eine allgemeine Mentalität, die einerseits einem utilitaristischen, zweckrationalen, die Menschen nach ihrem Nutzen wertenden Denken folgt, also die Leistungsmaximierung anzielt, und andererseits die Glücksmaximierung zum Ziel hat.

Daraus ergibt sich für mich folgende Frage: Während man früher den Menschen primär unter dem Aspekt ihrer einmaligen Existenz Würde beigemessen hat und sie natürlich immer schon auch nach ihrem Wert im Sinn von Leistungswert verglichen hat, wie kommt es, daß wir heute die Aspekte der Würde und des Wertes nicht mehr so gut zusammendenken können, gewissermaßen die Würde nur noch sonntags zulassen, während der Alltag vom Aspekt des Leistungs- oder Nutzwertes bestimmt ist, wonach Menschen einen positiven oder negativen Wert erhalten können? Und wie kommt es andererseits, daß wir das Leiden und das Glücksstreben der Menschen nur noch schlecht zusammendenken können, das Leben der Menschen zunehmend mit dem Glücksstreben identifizieren und das Leiden als etwas ansehen, das eigentlich mit dem menschlichen Leben nichts zu tun hat, vielmehr aufgrund unserer Fortschritte vermeidbar und daher überflüssig ist? Und besteht ein Zusammenhang zwischen dieser Spaltung unseres Denkens und der Tatsache, daß seit einhundert Jahren alle Forderungen nach aktiver Euthanasie bestimmter Menschengruppen damit begründet werden, daß sie einerseits unproduktiv sind, keinen Nutzwert abwerfen, und daß man andererseits Mitleid mit ihrem überflüssigen, sinnlosen Leiden empfindet?

Eine erste Annäherung an diese schwierige Frage erlaubt der Bedeutungswandel des Wortes »Mitleid«: Früher benutzte man es als Tätigkeitswort, das die aktive Tätigkeit gemeinsamen Leidens, das Teilen von Leiden anzeigte. In den letzten einhundert Jahren wurde es immer mehr als Hauptwort benutzt, das den Besitz eines Gefühls anzeigt, das ich im Hinblick auf einen leidenden Menschen empfinde, der mir unerträglich ist, und das mir zur Waffe werden kann, den leidenden Menschen wegzuwünschen, ihn aus meinem Blickfeld zu entfernen. Mitleid ist dann in Wirklichkeit Selbstmitleid. Wenn also die Krankenschwester Michaela Roeder, die in Wuppertal Patienten getötet hat, nur wegen des von ihr reklamierten edlen Motivs des Mitleids nicht wegen Mord, sondern nur wegen Totschlag verurteilt worden ist, müssen wir uns fragen, ob ihr Mitleid als Selbstmitleid nicht auch als »niederer Beweggrund« angesehen werden muß. Dies ist der Sinn der Aussage meines Buches »Tödliches Mitleid« (Dörner 1990).

Auf dem Weg zum »Übermenschen«

Der nächste Weg zur Annäherung an die Beantwortung meiner Frage ist historischer Art. Wie hat sich das Zusammenleben der Menschen seit der Industrialisierung, also etwa seit 1800, gewandelt? Bis zu diesem Zeitpunkt vollzog sich das Leben der Menschen überwiegend in einem landwirtschaftlichen oder handwerklichen Haushalt, einem Oikos, bestehend aus ziemlich vielen Menschen, einer Großfamilie, in der in räumlicher Einheit gelebt, gewohnt und gearbeitet wurde. Dabei waren auch die leistungsschwächeren Mitglieder im Rahmen ihrer Möglichkeiten an der Arbeit beteiligt, während die leistungsstärkeren Mitglieder nicht nur gearbeitet haben, sondern zugleich auch sozial fürsorgerisch und sozial kontrollierend waren. Im Prozeß der Industrialisierung wurde dieser Oikos in drei Segmente gespalten, auseinandergesprengt. Die Leistungsstärkeren gingen jetzt zum Arbeiten in die Fabriken, später Büros, wo sie nur noch zu arbeiten, nicht mehr sozial zu sein hatten. Für die leistungsschwächeren oder störenden Mitglieder, für den »Sand im Getriebe«, wurden flächendeckende Netze sozialer Institutionen geschaffen, wo man nur noch sozial zu sein hatte. Der Rest des Haushaltes wurde allmählich zur Kleinfamilie, die – von produktiven und sozialen Funktionen entlastet – in bis dahin unbekanntem Ausmaß das Gefühlsleben kultivieren konnte, freilich auch um den Preis zunehmender Psychotherapiebedürftigkeit. Während also die gesamte Geschichte der Menschheit einem Grundmuster folgte, das eine Einheit aus produktivem Arbeiten, sozialem Helfen und familiärer Emotionalität darstellte, dies als ihre einheitliche Vernunft begreifend, zersprengte die Industrialisierung die fundamentalen und miteinander zusammenhängenden Eigenschaften aller Menschen in drei voneinander sich immer schärfer abgrenzende Reinkulturen: die des reinen Arbeitens mit Leistungsmaximierung, die des reinen Sozialseins mit der bis dahin unbekannten Professionalisierung des Helfens und die des reinen Gefühls mit Maximierung des Glücksstrebens.

Eine solche räumliche Entmischung von Handlungsweisen, die die Menschen ursprünglich miteinander verbunden haben, in autonome Systeme hat es wohl vor allem bewirkt, die selbstverständliche Würde gerade der leistungsschwachen und leidenden Menschen und damit ihr Existenzrecht immer mehr in Frage zu stellen, weil dies immer weniger als »vernünftig« angesehen werden konnte. Um 1900 herum war es in den europäischen Industriegesellschaften selbstverständlich, von »Minderwertigen« und »Untermenschen« zu sprechen. Niemand dachte sich etwas dabei. Besonders deutlich wird das in den Worten des damals weltweit bekanntesten Psychiaters August Forel: »Wir bezwecken keineswegs, eine neue menschliche Rasse, einen Übermenschen zu schaffen, sondern nur die defekten Untermenschen allmählich ... durch willkürliche Sterilität der Träger schlechter Keime zu beseitigen, und dafür bessere, sozialere, gesündere und glücklichere Menschen zu einer immer größeren Vermehrung zu veranlassen« (Dörner 1990, Seite 32).

Wir können jetzt verstehen, daß die Nationalsozialisten für ihre Vernichtungsprogramme auf dieser Mentalität aufbauten. Sie mußten nur den Willen zur Tat hinzufügen, etwa nach dem Motto: »Wir wollen der Welt beweisen, daß eine Gesellschaft, die nur ein einziges Mal die Brutalität aufbringt, sich von ihrem gesamten sozialen Ballast zu befreien, wirtschaftlich und militärisch unschlagbar ist und eine leidensfreie Gesellschaft aus leidensfreien Menschen darstellt, damit den Traum der Aufklärung erfüllt«. Sie konnten ihr Vernichtungswerk begreifen als Fortsetzung und Vollendung eines 100jährigen Rationalisierungsprozesses der Industriegesellschaften. Sie waren davon so überzeugt, daß sie das von ihnen angewandte Maß an Gewalt vor sich selbst und der Geschichte folgendermaßen rechtfertigten: »Wenn die Menschen schon hinreichend rational und vernünftig wären, würden sie sich freiwillig sterilisieren lassen, wenn man ihnen sagt, ihre Kinder könnten erbkrank sein;

und sie würden sich freiwillig den Tod geben lassen, wenn sie unproduktiv sind und an einer chronischen Krankheit leiden. Nur weil die Menschen noch nicht so weit sind, muß unser Staat Gewalt einsetzen; später wird dies nicht mehr nötig sein, weil die Menschen die erforderliche Einsicht haben.«

Die freiwillige »Erlösung vom Leben«

Heute spricht vieles dafür, daß die Nazis in dieser letzteren Hinsicht Recht gehabt haben. Es gibt viele Belege dafür, daß die Gesellschaft aus sich selbst heraus sich so weit rationalisiert hat, daß sie die Freiwilligkeit unproduktiver und leidender Menschen erwartet, sich von ihrem Leben erlösen zu lassen. Staatliche Gewalt ist hierzu nicht mehr erforderlich. Wir sind in einem solchen Umfang auf die Ideale der Gesundheit als Leistungs- und Glücksfähigkeit, der Jugendlichkeit und der Möglichkeit der Leidvermeidung fixiert, daß wir seit etwa 10 Jahren die folgenden Denk- und Verhaltensweisen feststellen können, die sich freilich in den meisten anderen westlichen Ländern bereits 10 oder 20 Jahre früher gesellschaftlich durchgesetzt haben:

1. Wenn Sie heute mit alten Menschen sprechen, hören Sie fast nur noch folgendes Stereotyp: »Jetzt genieße ich zwar noch mein Leben; aber wenn ich pflegebedürftig werde, dann möchte ich am selben Tage tot sein, weil ich es nicht wert bin, mich von jüngeren Menschen pflegen zu lassen, da ich sie dadurch am Genuß ihres Lebens hindere«. Während also vor 30 Jahren die damals alten Menschen sich

noch gegen den Egoismus der »Jugend von heute« aggressiv zur Wehr setzten, haben sie jetzt diese Aggression gegen sich selbst gerichtet und sich selbst entwertet – und das freiwillig!

2. Die »Deutsche Gesellschaft für Humanes Sterben« hat nach eigenem Bekunden jetzt schon etwa 40.000 solcher Menschen organisiert, die im Fall der drohenden Pflegebedürftigkeit eine Suizidanleitung oder direkte Suizidhilfe erhalten, deklariert als »Beihilfe zum Suizid«, weil dies nicht strafbar ist.

3. Eine breite Fraktion gerade liberal-fortschrittlicher Juristen und Ärzte setzt sich auch im Bundestag dafür ein, daß nicht nur die passive Euthanasie, sondern auch die aktive Euthanasie und damit das »Töten auf Verlangen« straflos sein soll.

4. In den Niederlanden hat sich nach langen parlamentarischen Kämpfen die Fraktion durchgesetzt, die erreichen wollte, daß »Töten auf Verlangen« praktisch straffrei ist.

5. Nach Bevölkerungsumfragen, wenn man die Frage nur richtig formuliert, sind 80 % der Bevölkerung für die aktive Euthanasie.

6. Die Gesellschaft der Rechtsmediziner in der Bundesrepublik hat Empfehlungen erlassen, nach denen es unter bestimmten Umständen erlaubt sein soll, daß man behinderte Neugeborene sterben läßt.

7. Amerikanische, australische und andere Philosophen, die sich Bioethiker nennen, haben einen zunehmenden Teil der bundesdeutschen Philosophen, zum Teil selbst Behindertenpädagogen, davon überzeugt, daß ein Mensch erst dann als Person gelten und erst dann auch Lebensrecht haben soll, wenn er eine Reihe von Kriterien erfüllt, wie etwa Bewußtsein,

Selbstbewußtsein, Zeitbewußtsein und Kommunikationsfähigkeit. Behinderte Neugeborene einerseits und altersverwirrte Menschen andererseits erfüllen diese Voraussetzungen nicht, weshalb es erlaubt sei, sie zu töten, wobei noch zu bedenken ist, daß das eigentlich gar kein »Töten«, sondern nur ein »Beseitigen«, ein »Totmachen« sei, da es sich dabei ja eben gar nicht um Menschen im eigentlichen Sinn des Wortes handle.

8. Die Gentechnik und die Embryonenforschung kämpfen mit zunehmendem Erfolg darum, daß man auch mit Embryonen Experimente machen dürfe, weil es sich dabei eben auch noch nicht um Menschen handle.

9. Gerade unter dem letztgenannten Aspekt müssen wir einräumen, daß die Erlaubnis des Schwangerschaftsabbruchs die Grenze, von der ab ein Mensch ein Mensch sein soll, relativiert und damit die übrigen von mir genannten Tendenzen begünstigt hat. Der unbedingte Schutz des Lebens, wie er eigentlich noch von unserem Grundgesetz garantiert wird, ist auf diesem Weg von uns schon lange verfügbar gemacht, zur Disposition gestellt worden.

10. Da immer mehr Menschen sich freiwillig sterilisieren lassen, sind wir auch in diesem Bereich auf dem Weg zu jener Vernunft und Reife, zu der die Nazis die Menschen noch erziehen wollten.

All dies ist für den, der der Logik des industriellen Rationalisierungsprozesses folgt, vernünftig und unwiderlegbar. Man kann nicht dagegen argumentieren. Viele von uns, die sich noch nicht so weitgehend von solcher Rationalisierung haben verpflichten lassen, sträuben sich vielleicht aufgrund ihrer Intuition dagegen oder sehen das Miteinander der Menschen bedroht. Es bleibt uns und damit mir nur übrig, den gesamten Industrialisierungsprozeß zu hinterfragen und in einen größeren historischen, philosophischen und anthropologischen Zusammenhang zu stellen, freilich ohne die vorindustrielle Zeit nostalgisch zu glorifizieren, da dies sowohl sachlich falsch als auch unsinnig wäre, da wir nicht gestern oder morgen, sondern heute leben. Hierzu abschließend einige Gedanken, die so allgemein und gesamtgesellschaftlich sein müssen, daß sie undeutlich und unsicher wirken, teilweise von mir nur als Fragen zu formulieren sind:

Die Wiedervereinigung von wirtschaftlichem und sozialem Denken

Wie können wir, um meine anfangs entfaltete Frage aufzugreifen, Würde und Wert, Glücksstreben und Leiden des Menschen wieder zusammendenken? Zum ersteren dürfte es – und das mag überraschen – wichtig sein, wenn wir Bildungs- und Sozialbürger aufhören, die Bewertung des Menschen nach der Leistung zu verteufeln. Gerade dadurch verschärfen wir nämlich die Notwendigkeit für Wirtschaftsbürger, ihre durch und durch rationale Bewertung der Menschen nach der Leistung noch mehr zu rechtfertigen und damit zu vereinseitigen. Den Leistungsvergleich zwischen Menschen hat es immer gegeben und muß es immer geben; es kommt nur darauf an, daß er im Zusammenhang und im Gleichgewicht bleibt mit der Würdigung der einmaligen Existenz jedes Menschen, eben mit seiner Würde. Hierzu ist alles hilfreich, was einer Wiedervereinigung von wirtschaftlichem und sozialem Denken dient.

Etwas leichter wäre – wenigstens denkerisch – die gleichfalls zu fordernde Wiedervereinigung von Glücksstreben und Leiden der Menschen, wenn dieser nicht das massive und für die Wirklichkeit blindmachende Wunschdenken der Menschen entgegenstünde. Eigentlich müßte jeder von uns sich nur die Frage stellen, über welche Situationen in seiner Biographie er in seiner Persönlichkeitsentwicklung weitergekommen ist: Es sind beinahe ausnahmslos schwere Leidenszustände gewesen. Menschen ohne Leiden wären also eine Ansammlung entwicklungsloser, infantilistischer Monster.

Ein einfacher und nur empirischer Blick auf die Geschichte der Menschheit verrät, daß das Zusammenleben der Menschen, ihre Sozialität, stets geprägt war von Regeln, die die jeweils stärkeren mit den schwächeren Gesellschaftsmitgliedern verbinden. Die Aufkündigung eines solchen Bündnisses haben gerade wir, die wir einen sozialen Beruf ausüben, dadurch entscheidend gefördert, daß wir uns darüber hinaus als Inhaber »helfender Berufe« bezeichnen. Die Professionalisierung des Sozialen mag heute hinsichtlich des Erwerbs spezieller sozialer Kompetenzen noch angehen; die Professionalisierung des Helfens hingegen war und ist nicht erlaubt, da das Helfen eine anthropologisch fundamentale Eigenschaft aller Menschen ist, die man ihnen nicht ungestraft wegnehmen kann, ohne sie an ihrem Menschsein zu amputieren. Helfende Berufe kann es daher nicht geben. Es scheint so, als ob wir in der letzten Zeit dafür eine gewisse Sensibilität wiedergewonnen haben. Dafür spricht die wachsende Kultur unterschiedlicher Selbsthilfebewegungen, etwa die Hospiz-Bewegung (vgl. Seite 108 ff.), aber auch die zunehmende Zahl von Zuverdienstfirmen für chronisch psychisch Kranke, insofern sie Zonen der Wiedervereinigung des Wirtschafts- und Sozialsystems darstellen. A. Gorz (1989) hat in »Kritik der ökonomischen Vernunft« nachgewiesen, daß gerade die technische Automatisierung von immer mehr Arbeitsvorgängen in einem so hohen Maß für alle Menschen freie und damit soziale Zeit schafft, daß bei richtiger Organisation der Lebenszeit allen Menschen das Helfen wieder möglich und erstrebenswert werden kann.

Weich begleiten und hart durchstehen

Auf einer noch allgemeineren Ebene geht es um die Wiedervereinigung von harten und weichen Verhaltensanteilen, von Distanz und Nähe, von utilitaristischer Zweckrationalität und solchen Tätigkeiten, die unter diesem Aspekt zu Unrecht als irrational und intuitiv denunziert werden. Auf der individuellen Ebene bedeutet eine solche Wiedervereinigung für den Umgang mit Leidenden oder Sterbenden, daß sie weich zu begleiten sind und die Situation mit ihnen hart durchzustehen ist. Auf der allgemeinen Ebene könnte dasselbe etwa folgendermaßen ausgedrückt werden: Gerade weil aufgrund der utilitaristischen Struktur unserer Gesellschaft die Wahrscheinlichkeit stets dafür spricht, daß wir unsere sozialen oder medizinischen Ressourcen immer dort zuerst einsetzen, wo es sich am meisten lohnt, haben wir als ethische

Norm in uns zu entwickeln, gerade umgekehrt unsere Ressourcen zunächst da einzusetzen, wo es sich am wenigsten lohnt, also beim jeweils ältesten, kränksten oder schwächsten Menschen. Zwar kann niemand von uns diese Norm aus dem Stand erfüllen; jedoch schon der ernsthafte Vorsatz macht es auf eine verblüffende Weise möglich, wenigstens im Zweifelsfall immer wieder Schritte in die letztere Richtung zu tun. Noch ein Beispiel aus aktuellem Anlaß: Krankentötungen durch einen pflegerischen Mitarbeiter in unserer Gütersloher Klinik haben uns gezwungen, uns mit der kaum lösbaren und uns zerreißenden Frage zu beschäftigen, wie jeder von uns es mit sich vereinbar machen kann, einerseits das für die Arbeit lebensnotwendige Vertrauen zu den Kollegen aufrechtzuerhalten, andererseits zu diesem Vertrauen immer wieder eine Distanz herzustellen, die es ermöglicht, es in Frage zu stellen.

Abschließend möchte ich hierzu Sartre zitieren, der in »Saint Genet« einen exemplarisch unerträglichen Menschen geschildert hat, von dem er aber gleichwohl sagt: »Denn man muß schon wählen: Wenn jeder Mensch der ganze Mensch ist, muß dieser Abweichler entweder nur ein Kieselstein oder ich sein« (Sartre 1982). Auf eine andere Weise und doch ähnlich hat es Fredi Saal, ein besonders schwer Betroffener, ausgedrückt: »Als wirklich schwer behinderter Mensch, der nur mit allergrößten Schwierigkeiten ohne die Hilfe anderer den Alltag überstehen könnte, habe ich das Recht, ja die Pflicht, mich meiner Umwelt zuzumuten. Ich bin ein Teil des Ganzen im menschlichen Kosmos. Ich trage dazu bei, daß niemand vergißt, dieses Ganze zu sehen, wie ich auch von anderen mit ihrer eigenen Individualität darauf gestoßen werde, in ihnen einen Teil des Ganzen zu sehen, ohne den es den Menschen nicht gibt in seiner Totalität« (Dörner 1988, Seite 113).

Das Recht auf den eigenen Tod

Klaus Kutzer

Der Tod ist das Ende menschlicher Angst. Je mehr wir uns mit ihm beschäftigen, um so mehr innere Freiheit gewinnen wir. Der bekannte französische Humanist des 16. Jahrhunderts, Michel de Montaigne, hat einmal gesagt: »Wer gelernt hat zu sterben, hat verlernt, untertänig zu sein. Es gibt kein Übel mehr für denjenigen, der gut begriffen hat, daß der Verlust des Lebens kein Übel ist: Das Wissen, daß wir sterben, befreit uns von jeder Unterwerfung und jedem Zwang.«

Nicht der Tod ist das Problem

Der Tod ist also nicht das Problem, wohl aber das Sterben. Gießener Wissenschaftler haben 1988 die Sterbebedingungen in 70 Krankenhäusern aus vier Bundesländern durch Befragung repräsentativ ausgewählter Krankenhausmitarbeiter untersucht (George et al. 1989). Das Ergebnis ist erschütternd. 75 % der Antwortenden hielten die Sterbebedingungen für menschenunwürdig und belastend für die Sterbenden und ihre Helfer. Personalmangel führt dazu, daß nur 28 % glauben, genügend Zeit für die Betreuung der Sterbenden zu haben. 25 % sahen sich mangelnder Anerkennung durch Kollegen ausgesetzt, wenn sie sich den Sterbenden widmen. 53 % sind der Auffassung, daß die Medizintechnik den Sterbenden keinerlei Erleichterung verschaffe. 62 % meinen, daß bei hoffnungslosen Fällen zu häufig lebensverlängernde Maßnahmen ergriffen werden. 35 % halten die Schmerzbekämpfung für nicht ausreichend. Diese Untersuchung zeichnet, wie ich aus vielen Gesprächen mit Betroffenen weiß, auch heute noch ein realistisches Bild. Erst allmählich beginnt ein Umdenken der Verantwortlichen in Medizin, Sozialpolitik und den Kirchen. Den entscheidenden Anstoß gab die öffentliche Erörterung dieser Thematik. Ich denke unter anderem an die vielen Hospizgruppen in unserem Land. Auch die Deutsche Gesellschaft für humanes Sterben hat – ungeachtet ihrer nicht zu billigenden Zielsetzung – die vorhandenen Mißstände schonungslos und öffentlichkeitswirksam angeprangert.

Im Herbst 1991 haben sich die Wahlberechtigten des US-amerikanischen Bundesstaates Washington mit 54 % gegen die Gesetzesinitiative 119 ausgesprochen, welche die Legalisierung aktiver und passiver Sterbehilfe zum Inhalt hatte. Die Diskussion über diesen Gesetzesvorschlag »Death with dignity« (Tod in Würde) und die Entscheidung an den Wahlurnen wurden in den Vereinigten Staaten aufmerksam verfolgt, auch deswegen, weil in den nächsten Jahren ähnliche Referenda in anderen Bundesstaaten erwartet werden. Katholische Organisationen und ein Teil der Ärzteschaft sprachen sich gegen diese Initiative aus, während einzelne protestantische Glaubensgemeinschaften gemeinsam mit anderen Teilen der Ärzteschaft die Gesetzesinitiative befürworteten.

Worum ging es? Der abgelehnte Gesetzentwurf sah vor, daß todkranke Patienten eine schriftliche Erklärung im Beisein zweier Zeugen abgeben können, mit der sie ärztliche Sterbehilfe fordern. Voraussetzung für die Gewährung einer solchen Sterbehilfe sollte die Feststellung zweier Mediziner sein, daß der jeweilige Patient so krank ist, daß ihm nur noch weniger als sechs Monate zu leben bleiben. Bei Patienten im Koma muß die Bitte nach Sterbehilfe formuliert worden sein, bevor sie ins Koma gefallen sind, weil die Initiative für die Erklärung »Zurechnungsfähigkeit und volles Bewußtsein« verlangt hat. Die vorgesehene Sterbehilfe sollte passiv oder auch aktiv geleistet werden können, d. h. entweder durch die Abschaltung lebenserhaltender Maßnahmen oder durch vom Arzt zum Zweck der Tötung verabreichte Injektionen oder Medikamente.

Auch bei uns sind solche Bestrebungen auf Änderung der Rechtslage im Gang, die insbesondere von der in Augsburg ansässigen »Deutschen Gesellschaft für humanes Sterben« mit ihrem Präsidenten Atrott an der Spitze gefördert werden.

Ärztliche Fehlvorstellungen

Wie sieht bei uns die zur Zeit geltende Rechtslage aus? Es macht mich betroffen, wenn ich gerade in Gesprächen mit Ärzten rechtlichen Fehlvorstellungen begegne, die als Grund dafür herhalten müssen, eine unangemessene ärztliche Behandlung zu rechtfertigen. Ich will das an einem Beispiel verdeutlichen. Im Dezember 1987 schilderte eine Ärztin im Deutschen Ärzteblatt das inhumane Sterben ihres 88jährigen Vaters, der ebenfalls Arzt war und in ein Krankenhaus wegen eines Schlaganfalls eingeliefert worden war. Als heftige Schmerzen über dem Herzen mit Blutdruckabfall auftraten und die Verdachtsdiagnose auf Herzinfarkt mit Kammerflimmern lautete, wurde er intensiv-medizinisch behandelt. Die Bitte der anwesenden Tochter, alle Maschinen abzuschalten, traf auf Unverständnis und wurde – man höre! – aus rechtlichen Gründen abgelehnt. Der Patient erkannte als Arzt die Sinnlosigkeit der Behandlung. Er bat um humanes Sterben. Während der Nacht schrie er wegen starker Schmerzen um Hilfe. Den diensthabenden Arzt zu rufen, um die Schmerzen zu lindern, hielt man für unnötig. Statt schmerzstillende Medikamente zu geben, verabreichte die Nachtschwester gewissenhaft die verordneten Antibiotika per Magensonde, gab Spritzen und so fort. Noch 20 Minuten vor Eintritt des Todes wurde in Gegenwart der Angehörigen die angeordnete Krankengymnastik durchgeführt. Die letzten Worte des 88jährigen waren: Nein, nein, nein!

Dieser Bericht veranschaulicht in seiner erschütternden Authentizität ein verfehltes ärztliches Selbstverständnis und eine krankenhausspezifische Unfähigkeit, den Bedürfnissen Sterbender angemessen und human Rechnung zu tragen. Ich will nicht unzulässig verallgemeinern. Aber sicher ist, daß hier kein einmaliges Geschehen beschrieben worden ist. Sonst hätte es das Deutsche Ärzteblatt auch nicht abgedruckt. Zutage tritt die Unkenntnis dessen, was das Recht in solchen Grenzsituationen von Arzt und Pflegepersonal fordert. Der Dritte Strafsenat des Bundesgerichtshofes, dem ich angehöre, hat schon 1984 in ein von mir als Berichterstatter verfaßtes Urteil die folgenden Sätze hineingeschrieben (BGHSt 32, 379 f.):

»Maßnahmen zur Lebensverlängerung sind nicht schon deswegen unerläßlich, weil sie technisch möglich sind. Angesichts des bisherige Grenzen überschreitenden Fortschritts medizinischer Technologie bestimmt nicht die Effizienz der Apparatur, sondern die an der Achtung des Lebens und der Menschenwürde ausgerichtete Einzelfallentscheidung die Grenze ärztlicher Behandlungspflicht.«

Ein krasses Schlaglicht auf die desolate Situation mancher Krankenhausstationen, auf denen täglich gestorben wird, hat das Strafverfahren gegen die Krankenschwester Michaela Roeder aus Wuppertal geworfen. Sie ist vom dortigen Landgericht wegen Totschlags in fünf Fällen, wegen einer Tötung auf Verlangen, wegen einer fahrlässigen Tötung sowie wegen eines versuchten Totschlags zu einer Freiheitsstrafe von elf Jahren verurteilt worden. Sie war Fachschwester für Anästhesie und Intensivpflege in der Intensivstation eines Krankenhauses. Die Getöteten waren Patienten des Krankenhauses. Sie hat Schwerstkranken heimlich tödliche Injektionen verabreicht, um ihnen, wie das Landgericht festgestellt hat, aus Mitleid weiteres von ihr als sinnlos angesehenes Leiden und einen Todeskampf zu ersparen. Weder die Patienten noch deren Angehörige hatten darum gebeten.

In dem Revisionsurteil vom 8. Mai 1991 hat sich unser Senat erneut zur rechtlichen Zulässigkeit der passiven Sterbehilfe bekannt. Auch in diesem Fall war ich Berichterstatter. In dem Urteil heißt es u. a. wörtlich: »Kann der todkranke Patient nicht mehr selbst entscheiden und wird für ihn auch kein Pfleger bestellt, so ist sein mutmaßlicher Wille und nicht das

Ermessen der behandelnden Ärzte rechtlicher Maßstab dafür, welche lebensverlängernden Eingriffe zulässig sind und wie lange sie fortgesetzt werden dürfen. Die Ausschöpfung intensivmedizinischer Technologie ist, wenn sie dem wirklichen oder anzunehmenden Patientenwillen widerspricht, rechtswidrig.« Ausdrücklich erklärt der Bundesgerichtshof die Nichteinleitung oder den Abbruch lebensverlängernder Maßnahmen für rechtlich zulässig, um dem Sterben – ggf. unter wirksamer Schmerzmedikation – seinen natürlichen, der Würde des Menschen gemäßen Verlauf zu lassen.

Damit hat das oberste deutsche Strafgericht erneut allen Auffassungen eine Absage erteilt, die die rechtliche Verbindlichkeit der Entscheidung eines Todkranken, lebenserhaltende Maßnahmen zu beenden, relativieren wollen. Die Freiheit des Kranken, über das Ob und das Wie seiner ärztlichen Behandlung selbst zu entscheiden, gilt grundsätzlich auch dann, wenn es um Leben oder Tod geht. In Zukunft wird sich kein Arzt mehr auf angebliche Erfordernisse des Rechts berufen können, wenn er auf einer Intensivstation maximale Lebensverlängerung nach eigenem Gutdünken betreibt. Im Gegenteil, er wird sich dann mit dem Vorwurf einer rechtswidrigen Körperverletzung konfrontiert sehen. Und dies mit Recht. Denn die Wehrlosigkeit des Patienten in der Endphase seines Lebens ist kein Grund, sein verfassungsrechtlich verbürgtes Selbstbestimmungsrecht durch ärztlichen Paternalismus zu ersetzen.

Das Selbstbestimmungsrecht des Patienten kann nur bei einer den Umständen des Falles angemessenen Aufklärung wirksam ausgeübt werden. Der Patient muß wissen, worin er einwilligt und welche Gefahren mit den in Betracht kommenden ärztlichen Maßnahmen verbunden sein können. Wegen der Einzelheiten darf ich auf die »Empfehlungen zur Patientenaufklärung« verweisen, die der Vorstand der Bundesärztekammer im März 1990 beschlossen hat. Manchmal hat die Rechtsprechung die Anforderungen an die ärztliche Aufklärungspflicht überspannt. Dies, möchte ich ärztlichen Kritikern einräumen, rechtfertigt jedoch keineswegs die manchenorts praktizierte »Defensivmedizin« zum Schaden des Patienten. Ein Patient kann auch auf die ärztliche Aufklärung ganz oder teilweise verzichten. Ein wirksamer Verzicht setzt voraus, daß er wenigstens in groben Zügen weiß, worum es geht und was mit ihm geschehen soll. Jedenfalls bei gefährlichen und lebensbedrohlichen Krankheitszuständen darf eine umfassende Aufklärung auch ohne Verzicht des Patienten unterbleiben, wenn sie zu einer den Behandlungserfolg erheblich beeinträchtigenden schweren seelischen Belastung führen würde.

Kann der Patient infolge seiner Krankheit mangels Einsichts- oder Äußerungsfähigkeit nicht mehr über Art und Umfang der Behandlung entscheiden, so kommt es auf seinen mutmaßlichen Willen, das heißt darauf an, was er bei verständiger Würdigung seiner Lage wollen würde, wenn er noch frei entscheiden könnte.

Anhaltspunkte für den mutmaßlichen Willen können auch sogenannte *Patiententestamente* (vgl. Seite 144 ff.) sein. Sie können den Arzt zwar nicht rechtlich binden, weil jeweils geprüft werden muß, ob sie dem mutmaßlichen Willen in der aktuellen Entscheidungssituation entsprechen. Es ist eine Erfahrungstatsache, daß der Mensch als Gesunder anders zu urteilen pflegt als unter gegenwärtiger Lebensbedrohung. Patiententestamente haben daher eine um so größere Indizwirkung für den aktuell nicht mehr zu ermittelnden Willen des Patienten, je kürzer der zeitliche Abstand zu ihrer Errichtung ist und je sachkundiger und bereichsspezifischer sie abgefaßt sind.

Der Patientenwille befreit allerdings nicht von bestimmten rechtlichen Grenzen, z. B. der Beachtung der Betäubungsmittel-Verschreibungs-Verordnung und des Verbots der aktiven Sterbehilfe, also der Tötung auf Verlangen. *Im Grundsatz gilt: Der Arzt darf nicht mehr tun, als der Patient gestattet; er darf aber nicht alles tun, was dieser von ihm verlangt.* Halten wir also fest: Der über die Folgen seines Verlangens aufgeklärte Patient hat die Rechtsmacht, jeden weiteren ärztlichen Eingriff zu verbieten.

Der Kranke ist kein Objekt ärztlicher Fremdbestimmung

Wie viel Unklarheit über die Tragweite des Selbstbestimmungsrechts des Patienten und seines vorrangigen Wunsches nach Leidensminderung früher bei Ärzten bestand und vielfach auch heute noch anzutreffen ist, verdeutlicht die Resolution zur Behandlung Todkranker und Sterbender, die eine vom Präsidium der Deutschen Gesellschaft für Chirurgie eingesetzte Arbeitsgruppe unter dem 10. April 1979 bekanntgemacht hat. Dort heißt es: »Der erklärte oder aus der Gesamtheit der Umstände zu entnehmende Wille des Kranken auf Erhaltung des Lebens mit allen verfügbaren Mitteln *ist* im Rahmen des ärztlich Möglichen maßgebend. Bei einsichts- und willensfähigen Kranken *soll* der erklärte Wille, sich nicht mehr oder nur noch eingeschränkt behandeln zu lassen, respektiert werden.« Diese Entschließung der Chirurgen verkennt, daß der auf Behandlungsabbruch gerichtete Wille des urteilsfähigen Sterbenden für den Arzt nicht weniger verbindlich ist als der auf Ausschöpfung aller Lebensverlängerungsmöglichkeiten gerichtete Wille. Der Kranke ist kein Objekt ärztlicher Fremdbestimmung. Der Arzt soll ihn und seine Angehörigen beraten, ihnen aber nicht sein eigenes Konzept für die Bewältigung einer Existenzkrise durch angemaßte Entscheidungsmacht aufzwingen. Die Beachtung des Willens des Patienten ist auch in der Endphase seines Lebens nicht in das wohlwollende Belieben des Krankenhauses gestellt.

In dem eingangs geschilderten Fall des 88jährigen Arztes war es deshalb rechtlich unzulässig, den Infarkt-Patienten mittels künstlicher Beatmung, Magensonde und Gymnastik zu behandeln, weil er dies in Erkenntnis seines bedrohlichen Zustandes nicht mehr wünschte. Das Krankenhaus hat sich in einem solchen Fall darauf zu beschränken, die Beschwerden des Schwerkranken so gut wie möglich zu lindern und ihm das Sterben, ggf. unter wirkungsvoller Schmerzmedikation, zu erleichtern. Hätte die anwesende Tochter des Patienten diese Rechtslage gekannt, so hätte sie sicherlich nicht widerspruchs- und tatenlos der Mißachtung von Menschenwürde und Selbstverantwortung zugesehen.

Die verbindliche Geltungskraft des Patientenwillens möchte ich durch einige Auszüge aus dem rechtskräftig gewordenen Urteil des Landgerichts Ravensburg vom 3. Dezember 1986 – 3 KLs 31/86 – belegen.

Die Staatsanwaltschaft hatte den Ehemann der Verstorbenen angeklagt und ihm vorgeworfen, sich nach § 216 des Strafgesetzbuchs wegen Tötung auf Verlangen schuldig gemacht zu haben. Der Angeklagte hatte bei seiner Frau, die an einer unheilbaren, im Endstadium begriffenen Krankheit litt, auf deren Wunsch hin, sterben zu wollen, im Krankenhaus das Beatmungsgerät abgeschaltet, als die Schwestern abwesend waren. Dies hatte zur Folge, daß seine Ehefrau eine Stunde danach verstorben ist. Bei Weiterbeatmung hätte sie noch ein paar Tage, mindestens jedoch noch 24 Stunden am Leben erhalten werden können.

Das Landgericht hat den Ehemann aus Rechtsgründen freigesprochen. In den Urteilsgründen heißt es u. a.:

»Die Tötung fremden Menschenlebens ist nach unserer Rechtsordnung grundsätzlich verboten, Ausnahme z. B. bei Notwehr. Es handelt sich hierbei um ein Tabu, das aus Achtung vor dem Menschenleben schlechthin sowie aus ethischen und auch religiösen Gründen unangetastet bleiben muß. Zu Recht kann daher auch eine Einwilligung des Getöteten in seine Tötung oder gar sein Todesverlangen die Tötung nicht rechtfertigen. Dieses strikte Tötungsverbot hat in gleicher Weise auch bei dem schon dem Tode geweihten Menschen zu gelten [...] Der Sinn des Tötungsverbots ist es, Leben zu erhalten. Die Verwirklichung dieses Ziels gebietet aber nicht, den sich im Todeskampf befindenden Menschen gewaltsam und gegen seinen Willen am Sterben zu hindern. Gerade dies wäre mit dem Gebot der Achtung fremden Lebens, das stets mit dem Tode endet, nicht vereinbar [...] Beim sterbenden Menschen, der nicht mehr gerettet werden kann, ist der Tod nichts Unnatürliches, das gleichsam wie eine Krankheit mit allen Mitteln bekämpft werden muß.«

Das Landgericht fährt sodann fort: »Im vorliegenden Fall griff ein Nichtarzt in eine ärztliche Behandlung ein. Dieses Abschalten eines Beatmungsgeräts in einem Krankenhaus durch einen Dritten unter Ausnützen der Abwesenheit des Pflegepersonals und der im Krankenhaus beschäftigten Ärzte mag aus Gründen der Ordnung und Sicherheit des Krankenhausbetriebs untragbar gewesen sein. Im Hinblick auf die Strafbarkeit wegen Tötens auf Verlangen vermag dieser Umstand allein aber keine andere als die oben gegebene Beurteilung zu rechtfertigen. Die Ehefrau des Angeklagten hatte darum gebeten, sterben zu dürfen – je schneller desto besser. Dies konnte nur durch den Abbruch der künstlichen Beatmung geschehen. Sie selbst war hierzu nicht in der Lage. Wer nun dem berechtigten Verlangen auf Abbruch der Behandlung nachkommt, ob Arzt, Pflegepersonal oder Angehörige, kann nach Auffassung der Strafkammer keine entscheidende Rolle spielen; denn im Vordergrund steht das Selbstbestimmungsrecht und die Menschenwürde des urteilsfähigen Patienten, die jedermann – nicht nur Ärzte – zu achten hat.«

So weit der Auszug aus dem bemerkenswerten Urteil des Landgerichts Ravensburg, das von der Staatsanwaltschaft nicht mehr mit der Revision angefochten worden ist und dem auch in dem führenden Strafrechtskommentar Auflage 1991 uneingeschränkt zugestimmt wird (Dreher/Tröndle Rdn. 19 vor § 211 StGB).

Passive Sterbehilfe

Die eben erwähnte Art der Sterbehilfe nennt man passive Sterbehilfe. Sie wird geleistet, wenn bei einem tödlich Kranken, dessen Grundleiden mit aussichtsloser Prognose einen irreversiblen Verlauf genommen hat, die der Lebensverlängerung dienende medizinische Behandlung eingestellt wird. Passive Sterbehilfe kann darin bestehen, daß unter Aufrechterhaltung der sogenannten Basispflege, also der körperlichen und seelischen Grundversorgung, auf die Überführung in eine Intensivstation verzichtet, eine bereits begonnene Therapie abgebrochen oder eine zusätzlich auftretende Krankheit nicht behandelt wird. Passive Sterbehilfe ist stets zulässig und geboten, wenn der hinreichend aufgeklärte Patient sie wünscht. So muß bei einem Krebskranken in der Endphase seines Leidens eine Lungenentzündung nicht mehr unbedingt durch Antibiotika behandelt werden. Jeder medizinische Eingriff, der das Sterben nicht erleichtert, sondern zusätzlichen psychosomatischen Streß verursacht, hat von Rechts wegen zu unterbleiben. Labortests sind in diesem Stadium oft sinnlos. Ähnliches kann für die Behandlung mit einer nur noch lindernden Strahlentherapie oder mit Zytostatika gelten. All dies ist überflüssig, wenn es das Sterben nicht erleichtert. Eher ist es Ausdruck der Hilflosigkeit der behandelnden Ärzte, die durch eine solche medizintechnische Geschäftigkeit sich und den Patienten darüber hinwegtäuschen wollen, daß der Tod unabwendbar bevorsteht. Solche Betriebsamkeit fällt leichter, als sich der Wahrheit am Krankenbett zu stellen und dem Patienten mit liebevoller Zuwendung in seiner schwersten Lebenskrise zur Seite zu stehen.

Aber auch wenn der Moribunde nicht mehr befragt werden kann, ist passive Sterbehilfe erlaubt und ggf. geboten, wenn sie seinem mutmaßlichen Willen oder dem Willen seines Pflegers entspricht. Eine gewisse Änderung bringt hier das am 1. Januar 1992 in Kraft getretene Gesetz zur Reform des Rechts der Vormundschaft und Pflegschaft für Volljährige (BGBl. I 1990, Seite 2002). Es ersetzt bei Volljährigen den bisherigen Vormund oder Pfleger durch einen Betreuer. In einem neuen § 1904 des Bürgerlichen Gesetzbuchs wird erstmals die Notwendigkeit einer vormundschaftsgerichtlichen Genehmigung eingeführt, wenn der Betreuer für den Betreuten in eine ärztliche Behandlung einwilligt, bei der die begründete Gefahr besteht, daß der Betreute aufgrund der Behandlung stirbt oder einen schweren und länger dauernden gesundheitlichen Schaden erleidet; eine gerichtliche Genehmigung ist dann entbehrlich, wenn mit dem Aufschub der ärztlichen Maßnahme Gefahr verbunden ist.

Aktive Sterbehilfe

Die eben erörterte rechtlich zulässige passive Sterbehilfe ist zu unterscheiden von der *rechtlich unzulässigen* aktiven Sterbehilfe, nämlich der bereits im Urteil des Landgerichts Ravensburg erwähnten Tötung auf Verlangen. Aktive Sterbehilfe ist nicht wie die passive Sterbehilfe Behandlungsabbruch, sondern die gezielte Tötung eines Menschen, z. B. durch die Verabreichung einer den Tod herbeiführenden Injektion. Das Recht verbietet es dem Arzt also, das Leben eines Todgeweihten durch aktives Eingreifen, etwa durch eine Überdosis Morphin, gezielt zu verkürzen, und zwar auch dann, wenn er dem Patienten dadurch schweres Leiden ersparen will und der Patient darum bittet. Deshalb haben Krankenpfleger oder Krankenschwestern, die in Wien, Wuppertal und Gütersloh alte Menschen durch gezieltes Eingreifen getötet haben, rechtswidrig gehandelt, und zwar unabhängig davon, ob der Tod für die Kranken eine Erlösung war oder nicht, und unabhängig davon, ob sie ihn gewollt haben oder nicht. Eine Rechtsordnung, die absichtliches Töten eines anderen als Mittel der Leidhilfe toleriert, mindert den Lebensschutz zum Schaden aller und öffnet Schleusen zur Vernichtung angeblich sinnlosen oder unnützen Lebens. Die heutigen Möglichkeiten der lindernden Behandlung (»Palliativmedizin«) machen es noch weniger als früher erforderlich, dem Sterben durch die Tötung zuvorzukommen.

Von der aktiven Sterbehilfe wiederum zu unterscheiden ist die Beihilfe zum Selbstmord. Nach unserem Recht sind der Selbsttötungsversuch sowie Anstiftung und Beihilfe zur Selbsttötung als solche straflos. Darauf beruht es, daß das Oberlandesgericht München den Professor Hackethal von der Strafverfolgung freigestellt hat, obwohl er der schwer krebskranken Frau Hermy Eckart den Zyankali-Becher besorgt hat. Das Oberlandesgericht München hat in seinem Beschluß vom 31. Juli 1987 – 1 Ws 23/87 – die Abgrenzung der straflosen Beihilfe zur Selbsttötung von der strafbaren Tötung auf Verlangen danach vorgenommen, ob der Sterbehelfer oder der Kranke das zum Tod führende Geschehen tatsächlich beherrscht hat. Im Einzelfall sei dafür entscheidend die Art und Weise, wie der Kranke über sein Schicksal verfügt habe. Habe sich der Kranke in die Hand des Sterbehelfers begeben, weil er duldend von ihm den Tod entgegennehmen wollte, dann hatte der Sterbehelfer die Tatherrschaft über das Leben des Kranken; es liege daher *strafbare* Tötung auf Verlangen vor. Behielte der Kranke bis zuletzt die freie Entscheidung über sein Schicksal, dann tötete er sich selbst, wenn auch mit fremder Hilfe, so daß nur *straflose* Beihilfe zum Selbstmord vorliege. So habe sich Professor Hackethal verhalten.

Dieser Beschluß des Oberlandesgerichts München, der ihn von der Strafverfolgung freigestellt hat, ist nicht unbestritten geblieben. Auch ich habe Bedenken gegen die Richtigkeit und Weisheit dieser Entscheidung, weil sie die den behandelnden Arzt treffende Garantenpflicht für das Leben des Patienten vernachlässigt und nicht berücksichtigt, daß Professor Hackethal zu wenig unternommen hat, um seiner Patientin in einer verzweifelten Lage psychischen Beistand zu leisten und ihr eine wirksame Schmerzlinderung nach modernen wissenschaftlichen Erkenntnissen zukommen zu lassen.

In Fällen der Beihilfe des Arztes oder des Pflegepersonals zum Selbstmord des Patienten ist zusätzlich zu prüfen, ob nicht die *strafrechtliche Garantenpflicht* des Arztes oder des Krankenhauses für das Leben des Patienten ein Einschreiten gebietet oder eine Strafbarkeit wegen unterlassener Hilfeleistung in Betracht kommt. In der Rechtslehre ist man sich nicht einig, ob ein Selbstmordversuch einen zur Hilfeleistung verpflichtenden Unglücksfall begründet. Die Rechtslehre macht eine strafrechtlich gesicherte Hilfspflicht vielfach davon abhängig, ob es sich um einen sogenannten freiverantwortlichen oder einen nicht freiverantwortlichen Suizid handelt. Nur bei einem nicht freiverantwortlichen Suizid soll danach eine allgemeine Hilfspflicht bestehen.

Diese Unterscheidung hat die Rechtsprechung des Bundesgerichtshofs bisher nicht übernommen, auch deswegen nicht, weil derjenige, der einen Suizidenten antrifft, innerhalb der kurzen Zeitspanne, die für die lebensrettende Entscheidung am Unglücksort zur Verfügung steht, in der Regel nicht unterscheiden kann, ob es sich um einen nicht freiverantwortlichen oder einen freiverantwortlichen Selbstmord handelt. Unser Senat hat in der bereits erwähnten Entscheidung aus dem Jahr 1984 ausgeführt: »Gerade derjenige, der die suizidale Situation so einrichtet, daß zwischen Selbstmordhandlung und Todeseintritt eine längere Latenzperiode liegt, in der das Hinzukommen Dritter ermöglicht wird, handelt oft nicht aus einem unerschütterlichen Todeswunsch, sondern in der unterschwelligen Hoffnung, daß sein verzweifelter Schrei nach menschlichem Beistand gehört wird.« In solchen Fällen sprechen wir auch von einem Appell-Selbstmord im Gegensatz zu dem sogenannten Bilanzselbstmord, in dem der Suizident nach reiflicher Überlegung bewußt Bilanz aus seinem Leben zieht.

Der Freitod alter Menschen

Ich möchte die Ausführungen des Bundesgerichtshofs zur strafbewehrten Hilfspflicht in Selbstmordfällen durch eine weitere Überlegung ergänzen. Der Wegfall der Verpflichtung, Selbstmorde in den Grenzen der Zumutbarkeit zu verhindern, hätte gerade für viele alte Menschen fatale Auswirkungen. Wenn sie unter schwierigen Bedingungen zu Hause oder in Heimen gepflegt werden, könnten sie sich bei Wegfall einer strafrechtlichen Verhinderungspflicht einem Erwartungsdruck ihrer Umwelt ausgesetzt sehen, der – sei es mittelbar oder unmittelbar, ausgesprochen oder unausgesprochen – von dem Pflegepersonal, dem Heimträger oder den die Pflege leistenden oder sie bezahlenden Verwandten ausgehen kann. Den pflegebedürftigen Kranken könnte die Auffassung vermittelt werden, daß ihr weiteres Leben sinnlos geworden sei und nur noch unverhältnismäßigen Aufwand verursache, den sie durch einen sogenannten »Erlösungstod« vermeiden könnten.

Gerade alte und pflegebedürftige Menschen sind höchst sensibel. Sie leiden darunter, daß sie der Umwelt, insbesondere denen, die ihnen nahestehen, Mühe und Geld kosten. Wir sollten nicht zulassen, daß man sie in den Freitod abdrängen kann, eine Folge, die als Langzeitwirkung einer Aufhebung der allgemeinen Hilfspflicht bei Suiziden alter kranker Menschen jedenfalls nicht ausgeschlossen werden könnte. In diesen humanen Überlegungen sehe ich den tieferen Sinn der Rechtsprechung, daß auch der Freitod alter kranker Menschen grundsätzlich zur Hilfe verpflichtet. Die Zumutbarkeit der Hilfeleistung kann allerdings, wie ich meine, bei ganz besonderen Ausnahmesituationen auch für Ärzte entfallen, z. B. wenn es sich um einen freiverantwortlichen sogenannten Bilanzselbstmord eines schwer leidenden, dem Tod geweihten unheilbar Kranken handelt, der den Lebenswillen endgültig verloren hat. Meistens aber sind Selbsttötungen in einem Krankenhaus oder einem Altersheim ein Anzeichen dafür, daß Mängel in der Betreuung vorhanden sind. Auch Schwerstkranken kann, wie die tägliche Erfahrung lehrt, durch Zuwendung und wirkungsvolle Schmerzbekämpfung wieder Mut gemacht werden, ihr Schicksal anzunehmen.

Die Verpflichtung zur Schmerztherapie

Damit komme ich zu einem weiteren wichtigen Themenbereich: nämlich einer aus Rechtsgründen notwendigen effizienten Schmerzbekämpfung gerade im Endstadium einer zum Tod führenden Krankheit.

Schmerztherapie als eigenständiger Zweck ärztlichen Handelns wird, so scheint mir, in Deutschland noch zu wenig anerkannt. Auch in der juristischen Diskussion wird noch nicht genügend herausgestellt, daß der Patient einen Rechtsanspruch gegen den Arzt hat, daß dieser alle heute möglichen Verfahren der Linderung schwerster und chronischer Schmerzen zum Vorteil des Kranken ausschöpft. Das setzt voraus, daß sich der Arzt auf diesem Gebiet ständig aus- und fortbildet.

Häufig wird verkannt, daß Schmerzen mehrere sich gegenseitig verstärkende Ursachen haben und dann multifaktoriell bekämpft werden müssen. Viele Ärzte gehen gegen den Schmerz unsystematisch und unzulänglich vor. Effektive Schmerztherapie ist zu komplex, als daß sie ein in der Praxis tätiger Arzt auch ohne wissenschaftliches Bemühen beherrschen könnte. Das gilt insbesondere für die Behandlung chronischer Schmerzen, deren Ursachen nicht mehr ausgeschaltet werden können. Die in der Bundesrepublik noch vielfach übliche Zurückhaltung beim Einsatz von Betäubungsmitteln bei terminalen Kranken sollte aufgegeben werden. Dieser Forderung hat sich jüngst auch der Präsident der Bundesärztekammer, Professor Dr. Vilmar, angeschlossen.

Die orale Morphin-Therapie bei der Behandlung chronischer Tumorschmerzen hat sich inzwischen weltweit bewährt. Aber weniger als 20 % der in der Bundesrepublik niedergelassenen Ärzte verwenden die erforderlichen Spezialrezepte für Opiate. »Staunen Sie, wie in Deutschland gelitten wird!« So überschrieb die bekannte Medizin-Zeitschrift Medical Tribune im Juli 1989 ihre Grafik über die Behandlung mit Morphin. Deutschland und Österreich bilden nach dieser Statistik so ziemlich das Schlußlicht und liegen weit hinter Dänemark, Kanada, England, den skandinavischen Ländern und der Schweiz. Der Präsident der Deutschen Gesellschaft zum Studium des Schmerzes, Professor Dr. Manfred Zimmermann, erklärte der Süddeutschen Zeitung am 1. November 1991: »Während Ärzte in der Bundesrepublik und in Österreich etwa ein Kilogramm Morphin pro Jahr pro Million Einwohner verbrauchen, liegt der Jahresverbrauch bei etwa 15 Kilogramm in Großbritannien. Trotzdem gibt es dort weniger Herointote als bei uns. Britische Ärzte können die opiathaltigen Medikamente auf einem ganz normalen Rezept verschreiben. In Dänemark werden, wie die UN-Statistik besagt, sogar 30 Kilogramm pro Jahr und eine Million Einwohner verschrieben. Mehrere 100.000 Tumor-Schmerzpatienten würden in Deutschland von einer besseren Schmerzversorgung profitieren.«

Ich halte es für rechtswidrig, Opiate oder Opioide nur deswegen nicht oder nicht in ausreichender Dosierung zu verabreichen, weil dabei die als lästig und hinderlich empfundenen Vorschriften der Betäubungsmittel-Verschreibungs-Verordnung eingehalten werden müssen. Unterläßt es ein Arzt pflichtwidrig, schwere Schmerzen zu beseitigen, ihnen vorzubeugen oder, wenn beides nicht möglich ist, sie unter Verwertung der gesicherten Erkenntnisse der Schmerzforschung zu lindern, so kann er sich einer *Körperverletzung durch Unterlassen* schuldig machen. Eine rechtswidrige Körperverletzung durch Tun begeht, wer den Patienten schuldhaft durch eine sachwidrige Überdosierung von Schmerzmitteln und

Psychopharmaka »ruhigstellt« und ihn damit an einem sonst noch möglichen bewußten Erleben hindert.

Indirekte Sterbehilfe

Eine ärztlich gebotene schmerzlindernde Medikation beim tödlich Kranken wird nicht dadurch unzulässig, daß sie möglicherweise als unbeabsichtigte, aber unvermeidbare Nebenfolge den Todeseintritt beschleunigt. Im letzteren Fall sprechen wir von indirekter Sterbehilfe. Obwohl der Bundesgerichtshof, soweit ich sehe, solche Fälle bisher noch nicht entschieden hat, so besteht doch spätestens seit dem 56. Deutschen Juristentag im Jahr 1986 ein nahezu einhelliger Grundkonsens über die Zulässigkeit der indirekten Sterbehilfe. Denn schwerste, als unerträglich empfundene Schmerzen können die Persönlichkeit des Kranken zerstören und seine Würde verletzen, indem sie ihn zum bloßen Objekt erniedrigen und ihm die Fähigkeit nehmen, sein Leiden anzunehmen. Letztlich werden sich solche Grenzsituationen nur unter Berücksichtigung aller Umstände des Einzelfalls entscheiden lassen, wobei dem seinem medizinischen Können, seiner sozialen Verantwortung und seinem Gewissen verpflichteten Arzt ein rechtlich nicht überprüfbarer Beurteilungsspielraum zugestanden werden sollte.

Wie wir gesehen haben, besteht bei vernünftiger Auslegung der geltenden Strafgesetze kein rechtliches Hindernis, in angemessener humaner Weise Hilfe beim Sterben leisten zu können. Gesetzliche Neuregelungen könnten wegen ihres notwendig allgemeinen oder nur Teilaspekte umfassenden Gehalts die bestehende Rechtslage nicht verbessern, sondern würden neue Rechtsunsicherheit schaffen. Wir sollten uns nicht bemühen um gesetzgeberische Perfektion bei der Normierung existentieller Grenzsituationen, sondern unseren Beitrag dazu leisten, daß auch der moderne Mensch das Sterben wieder als natürlichen Teil seines Lebens zu akzeptieren lernt. Dazu müssen wir ihm die Angst sowohl vor dem unbegründeten Einsatz medizinischer Hochtechnologie wie auch vor unerträglichen Schmerzen nehmen und auch psycho-sozialer Sterbehilfe wieder mehr Raum geben. Wir Juristen werden dieser Problematik nicht allein mit der (Über)betonung des Selbstbestimmungsrechts, sondern mit der Einsicht begegnen müssen, daß der Mensch auch noch in seinem Sterben ein Teil der Gemeinschaft bleibt, der er in seinem sozialen Leben verpflichtet war. Die rechtlichen Regelungen dürfen daher nicht ausschließlich an den Wünschen des Sterbenden ausgerichtet werden; sie haben auch Bedacht zu nehmen auf die wohlverstandenen Interessen der zurückbleibenden Gemeinschaft der Lebenden.

Zwischen Mitleid, Mord und Menschlichkeit – Wider das Mißverständnis der Humanität in den neuen Euthanasiebewegungen

Hans Grewel

Das Mißverständnis der Humanität und die Verführung zum Töten betreffen keineswegs nur den engeren Bereich von Lebensende und Sterben, sondern durchziehen wie ein roter Faden alle Bereiche unseres Lebens. Es geht in dieser Frage um die grundlegenden Orientierungen unserer Welt- und Lebensgestaltung, um unser Menschenbild. Wir beginnen daher unsere Beobachtungen mit einer Frage, die auf den ersten Blick gar nichts mit der Not sterbender Menschen zu tun hat, die aber immer stärker in den Sog eines tödlichen Zeitgeistes rückt: die Lebensqualität behinderter Menschen.

Die Ausgrenzung behinderter Menschen

Die Frage ist gestellt zu einer Zeit, da Lebensqualität behinderter Menschen einerseits zum Gegenstand vielfältiger Förderung geworden ist, andererseits aber durch gesellschaftliche Strukturen und mächtige Interessengruppen bedroht wird. Ja, noch mehr: Von vielen Seiten wird die Diskussion so geführt, daß Lebensqualität auf Kosten behinderter Menschen erreicht werden soll. Um Lebensqualität im Ganzen der Gesellschaft sicherzustellen, sei es aus menschlichen wie aus finanziellen Erwägungen heraus unerläßlich, behinderte Menschen nach Möglichkeit zu verhindern, also sie erst gar nicht geboren werden zu lassen, oder sie zu beseitigen, wenn ihre Förderung und Integration zu großes Leid und zu hohe Kosten verursachen. Lebensqualität für bestimmte Behinderte, nämlich für die, die durch Förderung so weit integrierbar sind, daß sie der Gesellschaft nicht gravierend zur Last fallen, und Tod für die anderen Behinderten – das ist die verführerische Alternative, mit der eine »humane« Gesellschaft im Namen der Menschlichkeit das Problem der Lebensqualität behinderter Menschen zu lösen verheißt.

Die Ausgrenzung der Behinderten beginnt mit der Sprache: »Die Behinderten«, sagen wir – als ob Behinderung das wichtigste Merkmal sei, das die Existenz dieser Menschen kennzeichnet. Dabei müssen wir uns erinnern, was die Rede von Behinderten ursprünglich bedeutet hat und bewirken sollte: daß es nicht »Krüppel und Idioten«, sondern behinderte *Menschen* sind – Menschen, die mit einer Behinderung oder Beeinträchtigung leben, denen wir darum als Menschen, nicht als Behinderten begegnen. Ein behinderter Mensch ist ein Mensch, zu dessen Lebenssituation eine unaufhebbare Beeinträchtigung gehört – daß er etwa nicht auf eigenen Füßen gehen oder seine geistigen Impulse koordinieren kann, so daß er auf die Hilfe und Handreichungen anderer, auf Förderung und Pflege, auch auf Hilfsmittel angewiesen ist. Aber wie ein kranker Mensch niemals nur krank ist, so ist auch ein behinderter Mensch niemals nur behindert, sondern er ist ein Mensch mit glückenden oder mißlingenden Lebensbeziehungen, mit Träumen und Ängsten, mit Enttäuschungen und Hoffnungen, mit leidvollen und glücklichen Erfahrungen. Das gilt dann entsprechend für einen sterbenden Menschen, der mit einer nur medizinischen Begriffsbestimmung des »Sterbenden« niemals angemessen erfaßt werden kann, weil in die ärztliche Diagnose schwer meßbare psychosoziale Faktoren einbezogen werden müssen.

Viele behinderte Menschen berichten aus ihrer Lebensgeschichte, daß sie sich selbst gar nicht als behindert einschätzen würden, wären da nicht die Erfahrungen mit den anderen, den Nichtbehinderten, die sich für die »Normalen« halten. Durch ihr Verhalten, das durch Unsicherheit, durch Abwehr, gar Abscheu geprägt ist, erhält das Wort »behindert« seinen abwertenden Klang. So wird die Klassifikation »behindert« zum Stigma, zur Anzeige einer Ausgrenzung, die selbst durch Förderung vielfach noch verstärkt wird. Paradoxerweise machen viele behinderte Menschen die Erfahrung, daß all die gutgemeinten und wichtigen Maßnahmen zur Förderung (Sonderschulen, Einrichtungen zur Therapie und Rehabilitation, Werkstätten) zwar ihre Konkurrenzfähigkeit im Wettbewerb unserer Industriegesellschaft verbessern, aber ihre gesellschaftliche und menschliche Integration eher behindern. Die gesetzliche Verpflichtung der Unternehmen, jeweils eine bestimmte Zahl von »Behinderten« einzustellen, deren Arbeitsplätze dadurch als Sonderarbeitsplätze ausgewiesen sind, belegt diese Tendenz ebenso wie die Praxis vieler Unternehmer, sich von einer solchen Verpflichtung durch vergleichsweise geringfügige Geldbeträge freizukaufen.

In die gleiche Richtung weist auch der Streit um die »Integration«, vielmehr die Nichtaussonderung behinderter Kinder aus den allgemeinen Schulen. Darin geht es um sehr viel mehr als die paar Kinder, die zwischen gutem Willen und bürokratischen Hemmnissen hin und her geschoben werden, nämlich um die Menschlichkeit und Menschengemäßheit unseres Bildungssystems und unserer Gesellschaft. Schule soll ja, wie Pädagogen und Bildungspolitiker immer wieder eingeschärft haben, nicht nur die kognitiven Fähigkeiten der Kinder, sondern vor allem auch ihre soziale Kompetenz, also ihre Mit-Menschlichkeit fördern. Gerade in der wechselseitigen Beziehung zwischen Kindern, die mit unterschiedlichen Arten und Graden von Beeinträchtigungen leben, können diese Kinder voneinander und miteinander lernen, daß körperliche oder geistige Schwäche nicht gleichbedeutend ist mit menschlicher Schwäche, daß die sozial Starken keineswegs immer auch menschlich stark sind.

Das Mißverständnis der »Normalität«

Dabei ist das Bild von Normalität, das solche Auseinandersetzungen leitet, ganz falsch bemessen. Denn wenn wir unsere eigene Lebenssituation und die der Menschen um uns herum unvoreingenommen wahrnehmen, dann ist der unbeeinträchtigte Mensch, der im Vollbesitz seiner körperlichen und geistigen Fähigkeiten und seiner seelischen Belastbarkeit lebt, an dem »alles dran« ist und alles funktioniert, gerade nicht die Regel, sondern die Ausnahme. Normal ist es vielmehr, daß Menschen mit Beeinträchtigungen leben – aufgrund körperlicher, geistiger oder seelischer

Abweichungen von einem als »normal« oder gar als »gesund« erklärten Standard, infolge seelischer Verletzungen, Verlust des Arbeitsplatzes, Mißlingen der Partnerbeziehung, materieller Not usw. Es ist normal, auf die Hilfe anderer angewiesen zu sein, darauf, daß jemand uns seine Hände, seine Augen oder Füße, seine Phantasie oder seine Zeit zur Verfügung stellt, damit wir unsere Möglichkeiten besser ausschöpfen können.

Es ist auch nicht richtig, wenn immer wieder bestimmte Beeinträchtigungen mit Leiden ineinsgesetzt werden, etwa mit Down-Syndrom (sog. »Mongolismus«) leben ist Leiden, mit Spina bifida (sog. »offener Rücken«) geboren werden ist Leiden, chronisch krank sein ist Leiden. Leiden kann überhaupt nicht mit einem medizinischen Befund unmittelbar verknüpft werden. Denn dieser Befund wird von verschiedenen Menschen jeweils unterschiedlich und keineswegs immer als Leiden erfahren. Es ist einfach nicht wahr, daß ein schwer beeinträchtigter Mensch nicht glücklich sein könne. Es wäre ebenso unsinnig zu behaupten, daß alle sogenannten nichtbehinderten Menschen glücklich sind.

Tödliche Tendenzen

Es ist nicht nur die Freude am Wortspiel, wenn wir daran erinnern, daß im Begriff des Leidens ein Befund (z. B. Nicht-auf-eigenen-Füßen-gehen-Können) und ein Befinden (wie ein Mensch diese Situation erlebt) zusammentreffen. Denn ausgerechnet das Argument des Leidens bzw. der Vermeidung von Leiden wird für viele Menschen zu einer tödlichen Bedrohung. Seit einigen Jahren melden sich immer mehr Bewegungen zu Wort, die im Namen des »Mitleids« oder der »Erlösung vom Leiden« unter bestimmten Umständen die Tötung von Menschen legitimieren wollen. Dazu gehören die Euthanasie- und Suizidbewegungen wie »Exit« in der Schweiz oder die »Deutsche Gesellschaft für humanes Sterben«, die das Recht, den Zeitpunkt und die Art seines Todes zu bestimmen, als Inbegriff von Menschenwürde und Selbstbestimmung proklamieren; die französische »Gesellschaft zur Verhütung behinderter Kinder«, die 1988 im Europäischen Parlament einen (allerdings abgelehnten) Gesetzentwurf eingebracht hat mit dem Ziel, »die Zahl behinderter Kinder zu verringern«. Zwar verdiene ein lebender behinderter Mensch alle Förderung, aber es müsse »alles dafür getan« werden, »daß es so wenig Behinderte wie möglich gibt« – da sie »nicht nur eine Belastung für die Nation«, sondern »auch selber unglücklich« sind und ihre Angehörigen unglücklich machen. Das Programm der Europäischen Gemeinschaft zur sogenannten »prädiktiven (d. h. vorhersagenden) Medizin« zielt auf die Selektion gengeschädigten Lebens. Und auch die vor zwei Jahren in Deutschland gegründete »Gesellschaft für analytische Philosophie«, in der führende Philosophieprofessoren sich zum Sprachrohr für Euthanasie machen, muß in diesem Zusammenhang genannt werden. Dem Europäischen Parlament ist Ende April 1991 ein Entschließungsantrag vorgelegt worden, der in einem Plädoyer für palliative Medizin scheinbar beiläufig die Tötung auf Verlangen legitimieren will – in erschreckend unscharfer Begrifflichkeit und ohne die Erinnerung, daß der ausgesprochene Sterbewunsch eines schwer beeinträchtigten Menschen nach allen Erfahrungen der Sterbebegleitung wie der Suizidforschung, auch der Hospiz-Bewegung, gerade nicht darauf abzielt, daß wirklich Schluß sein, daß ein Ende gemacht werden soll, sondern daß die als unerträglich erfahrene Lebenssituation verändert, gebessert werden soll – durch Begleitung, durch Zuwendung, durch Schmerztherapie usw. Veränderung einer Lebenssituation, nicht Beendigung des Lebens ist das verborgene Ziel hinter der ausgesprochenen Bitte um Tötung.

Alle diese Bewegungen aber fordern das Recht auf Tötung nicht, wie wir das vor fünfzig Jahren schon einmal in Deutschland erlebt haben, aus niedrigen Beweggründen wie Rassenwahn oder Lust am Töten, sondern aus humanitären Motiven: Tötung aus Menschlichkeit, als ein Akt von Menschlichkeit, wohl gar im Namen der Menschenwürde.

Betroffen sind von einem solchen »Recht auf Tötung« also nicht nur sterbende Menschen, für die ein Recht auf Selbsttötung bzw. auf Beihilfe zur Selbsttötung gefordert wird, sondern alle schwer beeinträchtigten Menschen, wie unheilbar kranke, insbesondere querschnittgelähmte Menschen. Es wird diskutiert, ob diese Menschen zu einer Selbsttötung verpflichtet werden können. Es wird gefragt, ob nicht die Gesellschaft das Recht haben müsse, altersverwirrte, schwer pflegeabhängige Menschen zu töten, um solchen Menschen das Leiden und den anderen die Last der Pflege und der Kosten zu ersparen. Das gilt dann auch für alle, die von Geburt oder infolge Unfall oder

Krankheit schwer geistig behindert sind. Gefordert wird das Recht auf Tötung von schwerstgeschädigten Neugeborenen, natürlich auch von Kindern, die durch vorgeburtliche Diagnostik als schwerstbehindert erkannt oder vermutet werden, während der Schwangerschaft. Selbstverständlich wird auch die Tötung der »überzähligen Mehrlinge« im Rahmen der Reproduktionsmedizin (d. h. der »Fortpflanzungsmedizin«, in der es auch um In-vitro-Fertilisation und Embryo-Transfer geht) empfohlen und praktiziert.

Die Begründung, mit der solches Recht auf Tötung gefordert wird, ist fast immer die gleiche: Die Situation eines Menschen wird für elend, leidvoll, menschenunwürdig, nicht lebenswert erklärt. Dann erscheint es als ein Akt von Humanität, ihn von diesem Elend zu erlösen oder besser: ihn erst gar nicht geboren werden zu lassen. Vieles spricht dafür, daß sich hinter der scheinbar eingängigen Argumentation eine unerlaubte Motivübertragung verbirgt nach dem Muster: Ich möchte so nicht leben. Ich möchte auch nicht in die Begleitung oder Pflege eines solchen Menschen, auch nicht in die Kosten für seine Behandlung, Begleitung und Förderung verwoben sein. Indem dies auf den Betroffenen übertragen wird, erscheint seine Situation objektiv als nicht lebenswert, so daß fast eine gute Tat daraus wird, wenn wir ihn von diesem Elend erlösen – und niemand muß sich mehr die Mühe machen zu prüfen, ob die Situation wirklich aussichtslos war. »Tötung aus Mitleid« ist darum immer verdächtig, Tötung aus verweigertem Mitleiden zu sein.

Wenn ich recht sehe, speist sich dieser tödliche Zeitgeist vor allem aus drei Quellen: dem falsch verstandenen Erbe der Aufklärung, der Konjunktur des Wert-Begriffs in der Philosophie sowie den Verheißungen bzw. dem Menschenbild von Genforschung und Gentechnologie.

1. Die falsch verstandene Aufklärung

Die »Herausführung des Menschen aus seiner selbstverschuldeten Unmündigkeit«, wie I. Kant die Aufklärung umschrieben hat, hat in der Proklamation des Individuums durch die Französische Revolution und durch die Verkündung des Selbstbestimmungsrechts als Bestandteil der elementaren Menschenrechte bedeutsamen Ausdruck gefunden. Dieses aufklärerische Erbe wird in der Euthanasiebewegung unserer Tage zumeist so ins Spiel gebracht, daß Selbstbestimmung als Alleinverantwortung des nur sich selbst rechenschaftspflichtigen Individuums gefaßt und somit das »Recht auf« beliebige Verfügung über das eigene Leben, auch das Recht, die Art und den Zeitpunkt seines Sterbens selbst und allein zu bestimmen, gefordert wird. Selbstbestimmung als Alleinverantwortung setzt ein Menschenbild voraus, das den Schutz des schwachen Lebens nicht mehr garantiert, weil es vor allem den Verlust des Selbstbewußtseins als Verlust der Menschenwürde ansieht. Aber ein solches Verständnis ist weder durch den geschichtlichen Kampf um die Menschenrechte noch durch unsere Lebenserfahrung gedeckt.

Von der Geschichte her gesehen, enthält das Selbstbestimmungsrecht den Schutz eines Menschen vor Übergriffen anderer auf seinen Lebensentwurf und seine Lebensgestaltung, insbesondere auch den Schutz für das Leben kranker, behinderter, sterbender

Menschen. Solche Selbstbestimmung gründet in einem Bezug des Menschen auf ein Umgreifendes. So wie Ver-Antwortung etwas mit Antwort-Geben zu tun hat auf einen Ruf, der mich erreicht, so bezieht sich die Selbstbestimmung des Menschen auf sein Angesprochensein als Mensch, als Glied der Menschengemeinschaft, die mehr ist als die Summe der zweibeinigen Hirntiere auf diesem Planeten. Religiös gesprochen: Das Angesprochen- und Angenommensein als Kinder Gottes begründet unser Selbstbestimmungsrecht in verantwortlicher Gestaltung des uns anvertrauten Lebens. Menschenrechte sind Schutzrechte, nicht Anspruchs- oder Verfügungsrechte, und insofern entsprechen den Freiheitsrechten, die in den Menschenrechtskatalogen formuliert sind, immer auch Verpflichtungen zur Wahrnehmung und Förderung dieses Lebens.

Überdies gibt es das Individuum, den von allen Bindungen freigedachten Einzel-Menschen, nur in der Abstraktion eines lebensfernen Denkens. In der Lebenswirklichkeit dagegen können wir die Erfahrung nicht beiseiteschieben, daß unser Leben vielfältig und vielschichtig verwoben ist mit dem Leben anderer Menschen (sogar mit der Fülle des Lebens und der Welt um uns herum), daß, bevor wir zum Bewußtsein unserer selbst kommen und bevor wir überhaupt »ich« sagen können, wir immer schon von dem Mit-Sein und Für-uns-Sein anderer gelebt haben und weiterhin leben. Der lebensgeschichtliche »Gewinn«, den viele Menschen aus den Erfahrungen von Beeinträchtigungen ziehen, mag vor allem darin zu sehen sein, daß sie uns an dieses unser Angewiesensein erinnern und das nur sich allein verantwortliche

Individuum als Trugbild entlarven. Niemand soll das Leiden suchen. Aber daß Menschen oftmals erst durch bittere Leiderfahrung zur Besinnung kommen und ihr Leben neu einrichten, kann nicht bestritten werden.

2. Das philosophische Denken des Utilitarismus

Das philosophische Denken des Utilitarismus (»Nützlichkeitsphilosophie«), wie es u. a. durch die Thesen des australischen Philosophen Peter Singer in die Schlagzeilen geraten ist, zielt in aller Deutlichkeit auf die Selektion schwer beeinträchtigten Lebens unter dem Namen einer Euthanasie (manche nennen das sogar »Sterbehilfe«): Singer bindet z. B. das Lebensrecht eines neugeborenen Kindes an den Nachweis von Funktionen und Fähigkeiten, vor allem Bewußtsein und Selbstbewußtsein, und ermißt den Erhaltungs-Wert eines solchen Lebens nach dem Grad seiner Unversehrtheit. Diese Verbindung von Lebensrecht und Lebenswert soll dann die Tötung all derer legitimieren, deren Leben nach der ausgelegten Skala keinen »Wert« hat und die darum kein Recht auf Leben haben. Wie willkürlich dabei die Wertskala entworfen ist, kann man daran ablesen, daß Kinder mit Down-Syndrom oder mit Spina bifida, sogar Bluter für diese Argumentation herhalten müssen. Jedenfalls sollen der Schutz und die Erhaltungsgarantie für ein Menschenleben an den Nachweis gewisser Mindestgrade von Unversehrtheit gebunden werden. Kann ein Menschenkind diesen Nachweis nicht erbringen, hat sein Leben also keinen »Wert«, so hat es demnach auch kein Recht zu leben.

Ich setze dagegen: Menschliches Leben hat überhaupt keinen Wert. Das soll heißen: Es kann nicht quantifiziert oder portioniert werden nach Abstufungen von mehr oder weniger wert, von höher- oder minderwertig. Es kann überhaupt nicht in Wert-Kategorien gemessen werden. Wert ist ein Relationsbegriff, der grundsätzlich mit jedem beliebigen Maß kombiniert werden kann, also je nach politischen und ökonomischen Machtverhältnissen beliebige Klassifikationen erlaubt. Darum enthält jeder Versuch, das Recht auf Leben an Bedingungen zu knüpfen (Personalität, Selbstbestimmung, Kommunikation usw.), in sich alle Möglichkeiten des Terrors, da die unaufhebbare Beliebigkeit solcher »Kriterien« ihre jederzeitige Veränderbarkeit einschließt und da über das bevollmächtigte Subjekt, das solche Definitionen zu setzen und danach zu handeln berechtigt ist, keine Klarheit zu erzielen ist.

Es ist gewissermaßen nur die ökonomische Spiegelung dieses Wert-Denkens, wenn Kosten-Nutzen-Rechnungen in die Ethik und auch in die Politik eindringen. So haben der Wirtschaftswissenschaftler von Stackelberg und der Humangenetiker Passarge für ihre Berechnungen über die finanzielle Belastung der Gesellschaft durch nicht abgetriebene behinderte Kinder öffentliche Gesundheitspreise erhalten. Man muß auch sehen, daß pränatale (vorgeburtliche) Diagnostik nicht nur Chancen zur Therapie oder Operation, auch zur Lebensrettung schwer geschädigter Kinder bietet, sondern in vielen Fällen (oft nur »vorsichtshalber«) zur Abtreibung, also zur Tötung dieser Kinder führt. Wird künftig eine Frau, die trotz eindeutiger Diagnose ihr Kind zur Geburt kommen läßt, ihren Versicherungsschutz verlieren? Wird sie die

Pflicht haben, ein nicht oder nur geringfügig behindertes Kind zur Welt zu bringen – oder gar keines?

Entsprechend hat man den immer zahlreicher und immer älter werdenden alten Menschen eine verdeckte Euthanasie angetragen, nämlich Therapieverzicht und Selbsttötung. Sogar das Recht der Gesellschaft auf Tötung der Alten, die pflegeabhängig und geistesverwirrt sind, wird gefordert. Wer nicht damit einverstanden ist, also auch für den Fall von Pflegeabhängigkeit und Geistesverwirrung bis zu seinem Tod gepflegt werden möchte, möge beizeiten seinen Widerspruch erklären und eine entsprechende Verfügung bei sich tragen.

Interessanterweise wird eine solche »Widerspruchslösung« ebenso im Bereich der Organtransplantation gefordert, um das Aufkommen an sogenannten »Spender«-Organen zu steigern. Die Gratwanderung der Transplantationschirurgie zwischen Lebensrettung und Recycling wird zunehmend durch den Verwertungsdruck und die Nutz-Kriterien unserer Industriegesellschaft bestimmt, wenn wir es uns einerseits »nicht leisten können«, verwendungsfähige (»lebensfrische«) Organe sterbender/gestorbener Menschen »wegzuwerfen«, andererseits ein Mensch noch im Tod zu etwas nützlich sein muß, indem man seine Organe weiterverwendet. Sogar die großen Kirchen haben sich an diesen Zug gehängt, indem sie die Organ-Spende zu einer Tat christlicher Nächstenliebe erklärt und damit allen, die sich aus guten Gründen diesem Ansinnen verweigern, schwere Gewissensnot aufgebürdet haben.

3. Das Menschenbild der Genforschung und die Versachlichung des Lebens

Genforschung und Gentechnik implizieren eine umfassende Versachlichung des Lebens, alles Lebens. Schon die Sprache zeigt das an. Die Entschlüsselung der »Erbinformation« durch die Entdeckung des »genetischen Codes« macht es möglich, die »Bausteine« einzelner Gene zu isolieren, auch synthetisch herzustellen, vor allem auch fremde Bausteine in ein Gen einzufügen und dadurch das »Programm« des betreffenden Gens zu verändern.

Vor allem bei Pflanzen und Mikroorganismen ist es gelungen, sie so »umzuprogrammieren«, daß sie Eigenschaften oder Tätigkeiten annehmen, vor allem dann auch weitervererben, die ihnen von Natur fremd sind. So kann man Getreide immun machen gegen bestimmte Pflanzenkrankheiten, man kann Kleinstlebewesen darauf umstellen, das bei einem Tankerunglück ausgelaufene Öl zu vertilgen, und die industrielle Produktion von Insulin, Interferon und Blutgerinnungsfaktoren durch genetisch veränderte Bakterien ist bereits weltweit in großem Stil etabliert. Selbstverständlich kann man die gentechnisch hergestellten Organismen patentieren lassen. Denn es geht bei alledem natürlich auch um Marktanteile. In den USA werfen die Aktien von gentechnischen Firmen die größten Gewinnanteile ab.

Bereits 1988 gab es in den USA das erste Patent für eine mit gentechnischen Methoden erzeugte Tierart. Es handelte sich um Mäuse, die besonders leicht und voraussehbar Krebs entwickeln und darum für die Krebsforschung von großem Interesse sind. Solche »transgenen Tiere« werden einzig zu dem Zweck erzeugt, in der Forschung verwendet und verbraucht (getötet) zu werden. Sie kommen neben der Krebsforschung vor allem in der Arzneimittelforschung zum Einsatz, wo sie die bisher schon verwendeten »Tiermodelle«, die durch traditionelle Selektion und Züchtung entstanden sind, ergänzen. Man erhofft sich dadurch neue Therapieansätze gegen heute (noch) unheilbare Krankheiten wie die Alzheimersche Krankheit, AIDS oder Arteriosklerose. Langfristig, so wird um Sympathie geworben, könne infolge des Einsatzes transgener Tiere sogar die Zahl von Tierversuchen abnehmen.

Die Tendenz zur Versachlichung auch des menschlichen Lebens kündigt sich ebenfalls sprachlich an, wenn etwa von Menschenkindern in ihrer vorgeburtlichen Entwicklung nur als »Zygoten«, »Embryonen« oder »Föten« gesprochen wird. Ein solcher Embryo (ein ungeborener Mensch also) kann z. B. behandelt werden wie eine Sache, »belebte Materie«, wie es in der Urteilsbegründung zu dem eben erwähnten Patentierungsantrag geheißen hat. Man kann Embryonen herstellen im Labor (»in vitro«), man kann sie analysieren, z. B. indem man aus einem achtzelligen Embryo eine Zelle herausnimmt und untersucht. Man kann Embryonen transferieren und implantieren in den Körper einer Frau, die dadurch zur Mutter wird. Man kann dies aber auch unterlassen und die Embryonen zu Forschungszwecken gebrauchen und sie dabei töten. Eines Tages wird man sie programmieren und patentieren.

Motiviert und legitimiert wird der Eingriff in das menschliche Erbgut mit der Aussicht auf Heilung von Erbkrankheiten. Das ist eine gefährliche Auskunft.

Denn »Erbkrankheit« ist ein unscharfer Begriff. Biologisch gesehen beruht er auf einer monokausalen Engführung. Er unterstellt, daß jeweils ein einzelnes Gen für das Auftreten einer bestimmten Krankheit verantwortlich sei.

Dabei kann die gleiche Krankheit auch durch eine unberechenbare Kombination verschiedener Gene bewirkt werden. Soziologisch gesehen wird alles unter den Begriff der Erbkrankheit gefaßte Leben als sozial unverträglich und darum als zu verhinderndes Leben definiert. Und das betrifft neben den klassischen Erbkrankheiten wie Down-Syndrom auch ganz andere Erscheinungsbilder wie manische Depression, Alkoholismus oder Homosexualität. Völlig unklar ist dabei, wer eigentlich als bevollmächtigtes Subjekt für solche Klassifizierungen in Frage kommt, wer womöglich das Definitions- und Entscheidungsmonopol für sich in Anspruch nehmen kann und wird.

Der alte Traum vom perfekten Menschen

Von Anfang an, jedenfalls seit dem »Genetiker-Manifest« von 1939, träumt die humangenetische Forschung von der »Verbesserung des menschlichen Erbguts«, d. h. von der Verhinderung oder Ausmerzung erbkranken, »minderwertigen« Nachwuchses. Aber die Verbesserung des menschlichen Erbguts verbessert nicht den Menschen, weil die Ausgrenzung des Leidens, die dadurch beabsichtigt wird, den Menschen nicht menschlicher macht. Ich habe noch nie gehört, daß jemand nach den genetischen Wurzeln für Krieg, für Folter oder Lust am Töten gesucht hätte. Immer geht es nur um Krankheit und Behinderung, die damit als gesellschaftsschädigend definiert sind.

Das Menschenbild, von dem diese Forschungen geleitet sind, kennt Beeinträchtigungen nur als Schwäche, als Makel, als minderwertig. »Eigentlich« oder »richtig« Mensch ist nach diesem Menschenbild nur der gesunde und vitale Mensch, der beschwerdefrei und unversehrt, in freier Selbstbestimmung und sich allein verantwortlich sein Leben in die Hand nehmen und ggf. auch beenden kann. Es ist der alte Traum vom perfekten Menschen in einer leidfreien Gesellschaft, erneuert durch die Verheißungen einer technologischen Weltsicht, die den Wert eines Menschen nach seinen Funktionen und Fähigkeiten bemißt und die alles Leben unter der Kategorie der Herstellbarkeit betrachtet und für Schadensfälle Tötung als »Reparatur«-Maßnahme empfiehlt, statt über die Ausschaltung und Begrenzung schädigender Faktoren nachzudenken.

Schon jetzt klagen Ärzte über eine wachsende Reparatur- und Ersatzteilmentalität in unserer Bevölkerung. Statt sich um die Bearbeitung, Ausschaltung oder Verringerung schädigender Faktoren (radioaktive Strahlung, chemische Substanzen, Luftverschmutzung) und ruinöser Lebensweise (Rauschmittel, Arbeitsbelastung, kränkende Strukturen in der Familie) zu bemühen, werden die Ärzte in Anspruch genommen, um den bereits eingetretenen Schaden zu beheben. In der gesamtgesellschaftlichen Diskussion manifestiert sich diese Haltung in einer mörderischen Tendenz: notfalls den Schaden dadurch zu beheben, daß man die Geschädigten beseitigt – Abschaffung des Leidens durch Beseitigung der Leidenden.

Ein kritischer Punkt in der Diskussion ist die Frage nach dem Beginn des menschlichen Lebens. Wissenschaftsmethodisch gesehen beruhen alle Definitionen über den menschlichen Lebensbeginn auf Verabredung, sind also insofern willkürlich. Dennoch sind sie nicht beliebig, da mit diesen Verabredungen der Schutz verbunden ist, den eine Gesellschaft schon dem vorgeburtlich heranwachsenden Menschenleben zubilligt: Ab wann hat ein Menschenkind Anspruch auf den vollen Schutz von Menschenrechten und Menschenwürde? Wir müssen darum alle Zeitbestimmungen, die in dieser Frage derzeit angeboten werden, nach ihren leitenden Interessen befragen. Dabei zeigt sich, daß die in Deutschland geltende Rechtspraxis, wonach mit der Einnistung eines Embryo in der Gebärmutter einer Frau der Schutz dieses Menschenlebens beginnt, überaus problematisch ist, ebenso die häufig begegnende Unterscheidung zwischen dem biologischen Lebensbeginn und dem individuellen oder eigentlich menschlichen Lebensbeginn. Denn sie ist das Einfallstor für die Versachlichung, die Verwertung und experimentelle Zerstörung dieses Lebens in der als vor-menschlich deklarierten Entwicklungsphase.

Das gilt analog für die als nach-menschlich erklärte Lebensphase der sogenannten Hirntoten, über die man nach Belieben verfügen kann, da es sich ja nur um »belebte Materie« handelt – »human vegetable«, wie man in den USA gesagt hat. Wenn wir aber solchen Tendenzen wehren wollen, weil sie mit den bestimmenden Impulsen unserer Glaubensüberlieferung und unserer Lebenseinstellung unvereinbar sind, bleibt nur die Möglichkeit, den vollen Schutz eines menschlichen Lebens vom ersten Augenblick, d. h. der Vereinigung von Ei- und Samenzellen, an zu gewährleisten. Er darf durch keinen Forschungszweck außer Kraft gesetzt werden – schon gar nicht durch einen gesellschaftlichen Nutzen. Schon jetzt ist ja nicht zu übersehen, wie z. B. die Kombination von In-vitro-Fertilisation (künstliche Befruchtung) und Embryonen-Transfer (Übertragung ungeborener Menschen), die ursprünglich zur Therapie der Kinderlosigkeit entwickelt und legitimiert worden ist, inzwischen ganz unverblümt zur genetischen Selektion benutzt wird, indem die in vitro erzeugten und als gengeschädigt erkannten Embryonen gar nicht erst implantiert werden. Und wenn mit dem Recht auf Wissen argumentiert wird, um die Akzeptanz von Genomanalysen zu erzielen, dann sind bereits jetzt die Stimmen derer nicht zu überhören, die eine Pflicht zum Wissen fordern unter ausdrücklicher Befürwortung von Selektion, d. h. der Verhinderung oder Beseitigung der gengeschädigten Menschenkinder.

Bei alledem soll nicht geleugnet werden, daß Genforschung und Gentechnik durchaus hilfreiche und gute Wirkungen haben können. Aber die Frage bleibt, ob wir diese guten Wirkungen (z. B. Heilung für kranke Menschen) wollen können, wenn wir die aufgezeigten tödlichen Tendenzen dabei unvermeidlich mit in Kauf nehmen. Rechtfertigen die Aussicht auf eine Heilung oder der Wunsch nach einem nichtbehinderten Kind wirklich jedes Mittel? Und werden wir künftig eine neue Kategorie von behinderten Menschen haben, nämlich Genbehinderte, denen jeder Zugang zu einer Erwerbstätigkeit versperrt ist, weil von den Arbeitgebern die Genomanalyse zur Selektion der Arbeitskräfte eingesetzt wird?

Unser Protest gegen das Mißverständnis der Humanität

Das Mißverständnis der Humanität, wie ich es an der Selbstbestimmungsideologie einer falsch verstandenen Aufklärung, an der Wertphilosophie des Utilitarismus sowie an dem Menschenbild der Genforschung und Gentechnologie aufzuzeigen versucht habe, enthält eine tödliche Bedrohung, gegen die wir uns mit allen humanen Mitteln des Protestes zur Wehr setzen müssen. Ich will darum abschließend wenigstens thesenhaft die Richtung dieses Protestes bezeichnen.

Das Grundgesetz für die Bundesrepublik Deutschland vom 23. Mai 1949 hat – in Übereinstimmung mit der Allgemeinen Erklärung der Menschenrechte der Vereinten Nationen – das Recht auf Leben als elementares Menschenrecht anerkannt, durch das jedem Menschen der Schutz vor Übergriffen, Schädigung, Gewalt oder Tötung gewährleistet wird. Für die politische und soziale Praxis bedeutet das im einzelnen:

1. Keinerlei einschränkende Bedingungen hinsichtlich der Funktionsfähigkeit oder Kostenträchtigkeit können das Recht auf Leben begrenzen oder bestimmten Menschen vorenthalten. Recht auf Leben und Menschen-Würde werden nicht dadurch erworben, daß man gewisse Mindestgrade von Unversehrtheit oder Funktionstüchtigkeit wie eine Eintrittskarte

vorweisen kann. Darum erkennen wir schon dem im Mutterleib heranwachsenden Menschenkind – bevor es das Licht der Welt erblickt und bevor wir es bewerten können – den vollen Schutz der Menschenwürde und der Menschenrechte zu. Und ich plädiere dringend dafür, diesen Schutz vom ersten Augenblick eines Menschenlebens, d. h. der Vereinigung von Ei- und Samenzellen, an wirksam werden zu lassen, damit jedes Kind seine Chance bekommt und weil jedes spätere Datum der Verwertung und Vernutzung menschlichen Lebens Tür und Tor öffnet.

2. Das Grundrecht auf Leben enthält aber noch mehr als die Schutz- und Erhaltungsgarantie für jedes Menschenleben: nämlich die Verpflichtung der Solidargemeinschaft, einem schwer beeinträchtigten Menschen die Mit-Menschlichkeit, die Förderung und die Hilfsmittel zu gewähren, die dieser zur Entfaltung seiner Lebensmöglichkeiten braucht. Es ergibt einen lebensgefährlichen Teufelskreis, wenn wir diese Aufgabe jeweils den Angehörigen überlassen, die damit alleingelassen und überfordert sind, um dann die hohe Zerfallsrate und das »Leiden« der behinderten Familien als Argument zu benutzen, es sei eben doch besser, behinderte Kinder gar nicht erst geboren werden zu lassen.

3. Zum Recht auf Leben gehört auch die Verpflichtung der Gesellschaft, insbesondere der politisch Verantwortlichen, die schädigenden Faktoren, die dazu führen, daß so viele Menschen schwer beeinträchtigt geboren werden und leben, auszuschalten oder wenigstens zu verringern, statt über die Beseitigung der Geschädigten nachzudenken.

4. Schließlich ergibt sich aus dem Charakter des

Grundrechts, daß es ohne Einschränkung gelten soll und nicht in den unvermeidlichen Differenzierungen des politischen Alltags verwässert werden darf. Das elementare Menschenrecht auf Leben enthält darum eine klare sozialpolitische Anweisung: daß wir nämlich unsere Lebens- und Sozialordnung an den schwächsten Gliedern der Gemeinschaft orientieren.

Einen fatalen Fehler enthält in dieser Hinsicht die Erklärung der Vereinten Nationen über die Rechte der geistig Zurückgebliebenen vom 20. Dezember 1971. Dort heißt es in Artikel 1, Grundrechte: »Der geistig behinderte Mensch hat, soweit es nur irgend möglich ist, die gleichen Rechte wie andere Menschen.« Das aber bedeutet: Er hat sie nicht. Die Einschränkung »soweit es nur irgend möglich ist« darf sich nur auf die Fähigkeit, diese Rechte selbst(tätig) wahrzunehmen, beziehen, nicht aber auf die Zuerkennung dieser Rechte selbst. Hier müßte vielmehr von Stellvertretung gesprochen werden.

5. Die meisten politischen Entscheidungen, die das Lebensrecht schwer beeinträchtigter Menschen gefährden oder unterdrücken, werden mit drei scheinbar einleuchtenden Argumenten begründet:

- mit der Notwendigkeit des Fortschritts
- mit wirtschaftlichen Zwängen
- mit internationalen Vergleichen (»Die anderen tun es sowieso, und wir dürfen den Anschluß nicht verlieren«).

Es ist verblüffend, wie viele Menschen sich von solchen Beschwörungen blenden lassen, anstatt beharrlich und öffentlich zu fragen:

- Wieso sollen wir einem Fortschritt folgen, dem kein Leben mehr heilig ist und in dessen Namen das Leben von Menschen geschädigt, womöglich zerstört werden soll?

- In wessen Interesse liegt es eigentlich, daß wir bestimmte Technologien und Produktionen zulassen und fördern und, wie im Fall der Rüstungsproduktion, auch noch mit Steuergeldern subventionieren?
- Und wieso sollte ein tödlicher Fehler dadurch »besser« oder »richtiger« werden, daß andere ihn (angeblich) auch begehen? Schon jetzt ist ja deutlich zu sehen, daß mit dem gemeinsamen Europa 1993 die Bedrohung für das Lebensrecht vieler Menschen stärker wird.

Solche Fragen unermüdlich und öffentlich zu stellen, ist vielleicht der wichtigste Schritt hin zu einer Gesellschaft, die bei allen politischen Entscheidungen konsequent die Partei der Schwachen und Bedrohten ergreift.

6. Mein Plädoyer gegen das Töten kennt keine Ausnahme, schließt also den aktiven Protest ein sowohl gegen die Todesstrafe als auch gegen das Töten im Krieg.

Aber damit ist die Not der Menschen, zu deren Lebenssituation schwerste Beeinträchtigungen gehören und die in dieser Situation nicht leben und nicht sterben können, noch nicht behoben.

Wir müssen darum den unaufgebbaren Grundsatz (Leben erhalten, nicht töten) und ebenso die unaufgebbare Solidarität mit einem Menschen in Not zusammenbringen. Daraus folgt ganz unmittelbar, daß wir kein Recht zur Verurteilung haben, wenn jemand in aussichtsloser Situation sich nicht anders zu helfen weiß, als sein Leben oder das eines Angehörigen zu beenden. Aber das gilt immer nur für den einzelnen Fall, gewissermaßen im nachhinein, niemals im voraus für alle möglichen Fälle. Und es entlastet uns nicht von der Verpflichtung, nach Alternativen, nach Hilfen zu suchen für den Fall, daß Menschen in gleiche Situationen geraten. Im Interesse der Betroffenen müssen wir darum alle verallgemeinernden und im ideologischen Sinn radikalen Lösungen zurückweisen, vor allem auch der verführerischen Argumentation mit extremen Beispielen widersprechen.

Es gibt Situationen, für die niemand eine Lösung weiß. Sie müssen ausgehalten werden. Mit dem Zwang, für alles eine Lösung haben zu müssen, fängt die Unmenschlichkeit an. Denn das entlastet uns von der Verpflichtung, mit dem Einsatz aller Phantasie und allen Rollentausches auszuloten, ob eine Situation wirklich aussichtslos ist. Das jedoch fordert den Einsatz unserer eigenen Menschlichkeit.

Zur Begründung vergleiche im Einzelnen meine im Literaturverzeichnis auf Seite 151 aufgeführten Bücher.

Wie Menschen ohne Schmerzen sterben können

Johann-Christoph Student

Fragt man Menschen nach ihren größten Ängsten angesichts des Todes, wird zunächst die Angst vor Schmerzen genannt. Die Sorge, im Sterben schwersten Schmerzen ausgeliefert zu sein, ist keineswegs unberechtigt. Ein großer Teil der Menschen, die an Krebs oder AIDS leiden, müssen in der Tat in den letzten Tagen und Monaten ihres Lebens erhebliche Schmerzen ertragen. Dies hat weitgehende Auswirkungen: Ein Mensch, der unter Schmerzen leidet, ist in besonderer Weise auf seinen Körper zurückgeworfen. Er ist dazu gezwungen, sich ausschließlich mit diesem Körper zu beschäftigen. Das entzieht ihm die Möglichkeit, anderes wahrzunehmen. Es nimmt ihm die Möglichkeit, sich auf andere einzulassen, und macht ihn zur bloßen Kreatur. Es nimmt ihm seine Würde als Mensch.

Die Qual der letzten Schmerzen

Wer wie ich als Arzt in der Begleitung sterbender Menschen tätig ist, wird besonders häufig dann zu Rate gezogen, wenn in der letzten Lebensphase extreme Schmerzen auftreten. Auf diese Weise lernte ich auch *Werner Fischer* (alle Namen und personenbezogenen Daten redaktionell geändert) kennen, einen Architekten von knapp 70 Jahren. Er war damals bereits deutlich von seiner Krebserkrankung gezeichnet. Ein erfülltes Leben mit viel Engagement für seine Arbeit und voller Liebe für seine Familie lag hinter ihm. Seine Tochter berichtete mir, mit welch großer Gelassenheit und welchem Gottvertrauen er bislang sein Leiden ertragen hatte. Über sein Sterben konnte er offen sprechen, und er durfte jetzt in dem Bewußtsein leben, sein Haus ordentlich bestellt zu haben. Alles hätte gut sein können.

Nun aber hatten seine Beschwerden ein Ausmaß erreicht, das für ihn unerträglich geworden war. Das Sprechen fiel ihm schwer. Unruhig warf er den schwachen Körper in seinem Bett hin und her. »So geht das nun schon seit Wochen«, klagte seine Frau. Er, der sonst so viel Ruhe ausstrahlte, hatte einen verzerrten Gesichtsausdruck. »Am liebsten würde ich eine Wasserflasche nehmen, um mir den Kopf einzuschlagen! Diese Schmerzen halte ich nicht mehr aus«, preßte er mühsam hervor. Kein Zweifel, er bot ein Bild des Jammers.

Es dauerte ein paar Stunden, ehe der Apotheker in dem kleinen Dorf auf meine Verordnung hin die Rezeptur hergestellt hatte. Dann stand das kleine braune Medikamenten-Fläschchen endlich auf seinem Nachttisch. Zwanzig Minuten, nachdem er die erste Dosis eingenommen hatte, ließen die Schmerzen langsam nach; Müdigkeit stellte sich ein, sein Körper entspannte sich, und er verfiel in den lange vermißten Schlaf. – Die folgenden Tage war Werner Fischer sehr müde, fast benommen. Langsam aber kehrte sein volles Bewußtsein wieder zurück. Die alte Vitalität schien durchzuscheinen, die Freundlichkeit und Liebe dieses Mannes gab seinen ausgemergelten Zügen eine besondere Art von Schönheit. – Drei Wochen später starb Werner Fischer. Der Tod trat ruhig in sein Haus und fand ihn umgeben von denen, die er liebte.

Achim Walter war noch jung, erst 32 Jahre alt. Seit Jahren war die HIV-Infektion bei ihm bekannt. Nach zahlreichen schweren Infektionen und vielen strapaziösen Therapien hatte er jetzt einen klaren Entschluß gefaßt: Er wollte nach Hause zurückkehren und der Krankheit ihren Lauf lassen. Er hatte das Glück, daß sein langjähriger Freund auch in dieser schwierigen Zeit zu ihm hielt und ihn bei seinem Vorhaben unterstützte. Seine Selbständigkeit war Achim stets wichtig gewesen, und so zwang er sich auch jetzt immer noch, bis an die Grenzen seiner Kräfte zu gehen. Er wusch sich noch selbst, kleidete sich – wann immer möglich – mühsam selber an und ging sogar ab und an noch für kurze Zeit hinunter in den Garten.

Aber dann kam das, womit beide Freunde nicht mehr gerechnet hatten: Heftige Schmerzen überfielen den Kranken. Die üblichen Schmerzmittel versagten. Er konnte sein Bett nicht mehr verlassen, fühlte sich hilflos und ausgeliefert. In einem abgedunkelten Raum lag er verkrampft in seinem Bett. »Ich bestehe nur noch aus Schmerz«, antwortete er auf meine Frage nach dem Ort seiner Schmerzen. Die körperliche Untersuchung des schmerzkranken Mannes erwies sich als äußerst schwierig. Jede Bewegung, jede Berührung schien ihm weh zu tun.

Wenige Tage, nachdem er begonnen hatte, das verordnete Schmerzmittel einzunehmen, war er wie umgewandelt. Aufrecht saß er im Bett, voller Aktivität, ja fast unternehmungslustig wirkend, und bestand darauf, noch einmal hinunter in den Garten zu gehen

– ein letztes Mal. Zwei Wochen später starb er, so wie es sich beide gewünscht hatten: in den Armen seines Freundes.

Morphin – ein segensreiches Medikament

Beide Menschen, Werner Fischer ebenso wie Achim Walter, konnten von einem der großen medizinischen Fortschritte unseres Jahrhunderts profitieren: der Schmerztherapie mit *Morphin* (das die Umgangssprache oftmals als »Morphium« bezeichnet). Dank der Verbesserung der Schmerztherapie in der zweiten Hälfte unseres Jahrhunderts ist es heute möglich, daß über 90% aller schmerzkranken Menschen in der letzten Lebensphase von ihren Schmerzen geheilt werden; und selbst bei den restlichen Kranken kann ihr Leid wenigstens gelindert werden.

Den meisten der sterbenskranken Menschen kann bereits mit der einfachen Methode der Morphin-Therapie geholfen werden. Diese segensreiche Behandlungsmethode ist in ihrer modernen Form von dem englischen Pharmakologen und Arzt Dr. Robert Twycross bereits im Jahr 1974 erstmals beschrieben worden.

Morphin gehörte damals schon längere Zeit zum schmerztherapeutischen Repertoire der Medizin. Bis dahin aber war es bei sterbenden Menschen meist in hoher Dosis gespritzt worden. Danach waren die Patienten dann zwar für viele Stunden schmerzfrei, aber auch bewußtlos oder wenigstens bewußtseinsgetrübt. Sie »verschliefen« gewissermaßen ihr Sterben. Wachten sie auf, wurden sie gewaschen und gefüttert, soweit die dann wieder heftig einsetzenden Schmerzen dies zuließen. Dann schließlich »erlöste« sie wieder die Morphin-Spritze. Aus dieser Zeit stammt auch noch das Vorurteil, Morphin beschleunige den Sterbeprozeß.

Twycross führte nun zwei neue Anwendungsprinzipien ein (Twycross und Zenz 1983):

Die eine Neuerung besteht darin, daß Morphin nicht mehr gespritzt, sondern als eine wäßrige Lösung über den Mund eingenommen wird (»oral« gegeben wird, wie wir Ärzte sagen). Dies erspart dem Patienten nicht nur den unangenehmen Einstich der Nadel. Es macht ihn zugleich auch unabhängig von der rechtzeitigen Gegenwart einer Person, die mit der Spritze umgehen kann. Außerdem entfaltet Morphin über den Mund eingenommen seine Wirkung »sanfter«: Es flutet langsam an, nimmt die Schmerzen – aber betäubt das Bewußtsein nicht. Der Patient bleibt wach, kommunikations- und handlungsfähig. Dies gilt auch für extrem hohe Dosen (abgesehen von den ersten Tagen ihrer Anwendung).

Die andere Neuerung, die Twycross einführte, betrifft die Dosierung. Morphin wird nicht mehr »nach Bedarf« verabreicht, sondern gewissermaßen vorbeugend gegeben. Da man durch entsprechende Untersuchungen entdeckt hatte, daß Morphin bei den meisten Menschen etwa nach vier Stunden in seiner Wirkung allmählich nachläßt, träten zu dieser Zeit wieder Schmerzen auf. Der Patient würde also ängstlich von einer Dosis zur nächsten bangen, nach der nächsten Gabe »suchen« und wäre auf bestem Wege, eine *Sucht* zu entwickeln. Regelmäßig alle vier Stunden gegeben, also rechtzeitig *vor Auftreten neuer*

Schmerzen, bleibt der betroffene Mensch dauerhaft schmerzfrei – und kann endlich entspannen.

Ein wesentlicher Vorteil der von Twycross angegebenen Anwendungsform liegt auch darin, daß sie es dem Patienten leichter macht, zum Sterben nach Hause zurückzukehren. Die regelmäßige, vorbeugende Behandlung eines sterbenden Menschen mit oralem Morphin bringt ihn also auch zugleich seinem Wunsch nach einem Sterben zu Hause entscheidend näher.

In den angelsächsischen Ländern hat sich diese Form der Schmerztherapie bei sterbenden Menschen rasch verbreitet und gehört dort seit langem zum klinischen Standard.

Möglichkeiten der Schmerztherapie in Deutschland

In der Bundesrepublik Deutschland hat diese segensreiche Methode nur langsam und zögernd Einzug in den klinischen Alltag gehalten. Zwar haben sich schmerztherapeutische Fachleute seit langem um die Einführung der Methode verdient gemacht. Dennoch besteht gerade bei niedergelassenen Ärzten große Zurückhaltung gegenüber Morphin. Fachleute schätzen gar, daß in der Bundesrepublik über 60% aller schmerzkranken PatientInnen unzureichend schmerztherapeutisch behandelt werden.

Solche Zurückhaltung beruht vermutlich auf verbreiteten Vorurteilen Morphin gegenüber: Selbst Ärzte äußern bisweilen noch die Sorge, der Patient könne »süchtig« werden. Nun wäre dies bei einem Menschen mit nur noch eng begrenzter Lebensspanne ohnedies wohl kaum ein gewichtiges Argument. Darüber hinaus hat sich aber gezeigt, daß Morphin, richtig angewendet, keineswegs süchtig macht. Sucht entsteht nur bei falscher Anwendung; z.B. bei Dosierung »nach Bedarf« oder wenn der Patient sich gar jede neue Dosis erbetteln muß. – Auch eine Beschleunigung des Sterbeprozesses durch Morphin ist in der Regel nicht zu befürchten. In jedem Fall würde dies jedoch durch die verbesserte Lebensqualität mehr als aufgewogen.

Ein weiterer Grund für die Zurückhaltung bundesdeutscher Ärzte der Morphin-Anwendung gegenüber beruht sicherlich auch auf den Erfahrungen restriktiver Verschreibungs-Vorschriften durch den Gesetzgeber (»Betäubungsmittel-Gesetzgebung«). Dies läßt sich auch daran ablesen, daß nur ein recht bescheidener Prozentsatz aller Ärzte überhaupt über die vorgeschriebenen Rezeptformulare verfügt.

Tatsächlich können aber diese speziellen Rezeptformulare von jedem fertig ausgebildeten Arzt in ausreichender Menge kostenlos beim Bundesgesundheitsamt (Bundesopiumstelle im Institut für Arzneimittel des Bundesgesundheitsamtes, Genthiner Str. 38, 1000 Berlin 30) angefordert werden. Außerdem sind 1992 die gesetzlichen Vorschriften erneut gelokkert worden, so daß eigentlich keine formalen Hindernisse mehr im Wege stehen, um schwerstkranken Menschen auch zu Hause die erforderliche Morphin-Menge bereits für mindestens eine Woche im voraus zu verordnen – bei Urlaubsreisen des Kranken womöglich sogar noch länger.

Die Möglichkeit einer angemessenen Schmerztherapie für sterbende Menschen ist also auch in der

Bundesrepublik grundsätzlich gegeben. Allerdings hapert es mit ihrer Realisierung oftmals noch. Hier sind alle PatientInnen deshalb zu eigener Initiative aufgefordert. Sie sollten sich bereits in guten Tagen danach erkundigen, ob ihr Hausarzt und die für sie zuständige Klinik über das nötige Rüstzeug zur oralen Schmerztherapie mit Morphin verfügen, und hier bei der Auswahl des Arztes ihres Vertrauens durchaus kritisch sein. – Zusätzliche Hilfe für schmerzkranke Menschen gibt es mittlerweile in praktisch allen Großstädten der Bundesrepublik an großen Kliniken. Oftmals besteht dort (meist angegliedert an die Anästhesie-Abteilung) sogar eine spezielle Schmerzambulanz, die auch den Hausarzt in seinem Bemühen um eine lindernde Therapie unterstützt.

Welche Nebenwirkungen hat die Schmerz-Therapie mit Morphin?

Jedes Medikament mit einer deutlichen Hauptwirkung, so liest man in den Lehrbüchern der Pharmakologie, besitzt auch störende Nebenwirkungen. Wie steht es hiermit bei Morphin? – Die Nebenwirkungen des Morphin sind denkbar gering. Kein Wunder, schließlich ist es ja eine körperverwandte Substanz, die gut verträglich ist. Die wenigen Nebenwirkungen sollten jedoch dem Sterbenden selbst, ebenso wie seinen Angehörigen und ihren HelferInnen, ausreichend bekannt sein:

Wichtig zu wissen ist, daß jeder Patient durch Morphin stets eine *Verstopfung* entwickelt. (Eine Ausnahme bilden höchstens Menschen mit AIDS, wenn sie unter starken Durchfällen leiden, oder Patienten mit künstlichem Darmausgang.) Deshalb muß vom ersten Tag der Morphingabe an ein ausreichend wirksames Abführmittel schon *vorbeugend* verabreicht werden (ehe es zur Verstopfung kommt!). Längere Stuhlverhaltungen dürfen keinesfalls mehrere Tage hintereinander hingenommen werden. Nötigenfalls sind sogar Einläufe u.ä. erforderlich. Die Verstopfung ist also wirklich ernst zu nehmen und kann unter Umständen schwerer zu behandeln sein als die Schmerzen.

Einige PatientInnen entwickeln außerdem – meist jedoch nur in der ersten Zeit der Behandlung – *Übelkeit oder Erbrechen.* Deshalb wird bei der Behandlung zu Hause anfangs tunlichst ein Gegenmittel vom Arzt mitverordnet.

Obgleich Morphin langfristig nicht müde macht, kommt es doch in den ersten Tagen der Behandlung, bis der Patient sich an das Medikament gewöhnt hat, zu erheblicher *Müdigkeit.* Gleiches gilt für Dosiserhöhungen im Verlauf der Behandlung. In dieser Zeit ist es gut, wenn sich immer eine vertraute Person in der Nähe des Patienten befindet. Denn viele PatientInnen empfinden solche Müdigkeit als durchaus unangenehm. Die Betroffenen fühlen sich hilflos und ausgeliefert und befürchten vielleicht sogar, daß dies ein Zeichen für das unmittelbar bevorstehende Lebensende sei. Meist ist diese Phase aber bereits nach wenigen Tagen überstanden.

Bei manchen Schmerz-Formen muß die Basistherapie mit Morphin durch zusätzliche Gabe eines schwächer wirksamen Schmerzmittels ergänzt werden. (Bei bestimmten Knochenschmerzen hat sich

z. B. die zusätzliche Einnahme von Acetyl-Salicylsäure, als Aspirin® allgemein bekannt, bewährt.) Aber dies sind schon ganz spezielle Fragen, über die der Hausarzt sich ebenso wie über die Morphin-Behandlung selbst aus entsprechenden schriftlichen Informationen kundig machen kann (vgl. Hinweis am Ende dieses Kapitels auf Seite 106).

Zusammenfassend läßt sich also sagen, daß durch den richtigen Einsatz von Morphin, kombiniert mit einem Abführmittel und einem Medikament gegen Übelkeit, den meisten schmerzkranken Menschen in der letzten Lebensphase geholfen werden kann. Dies gilt natürlich nicht nur für Erwachsene, sondern ebenso für Kinder und Jugendliche. Die Höhe der Dosis wird der Schmerzstärke angepaßt, denn bei Morphin gibt es zum Glück nahezu keine »Obergrenze« der Verträglichkeit. Den Einsatz dieses hochwirksamen Heilmittels auch in Deutschland zu verstärken, ist jeder engagierte Mensch in diesem Land aufgerufen.

Wann sollte mit der Morphin-Anwendung begonnen werden?

Morphin ist als besonders wirksames Schmerzmittel natürlich keineswegs nur sterbenden Menschen vorbehalten, sondern sollte jedem zugute kommen, der seines lindernden Effektes bedarf. Gerade bei sterbenden Menschen aber sollte mit dem Einsatz, noch weniger als sonst, gezögert werden. Wann soll mit der Morphin-Therapie beim Sterbenden begonnen werden? Wann beginnt im Sinn dieser Therapieform das Sterben? – Als Sterbenden bezeichnen wir einen

Menschen, der an einer tödlichen Krankheit leidet, für die es keine Therapie mehr gibt oder für die der Kranke solche Therapie (z.B. wegen ihrer schlimmen Nebenwirkungen) nicht mehr wünscht. Das Sterben beginnt also in diesem Sinn nicht erst wenige Wochen oder gar Tage vor dem Tod eines Menschen, sondern Monate, vielleicht sogar Jahre davor. Deshalb sollte auch mit der Schmerz-Therapie keinesfalls gewartet werden, bis der Tod unmittelbar bevorsteht! Ein Patient, der an Krebs, AIDS oder einer anderen, mit Schmerzen verbundenen tödlichen Krankheit leidet und dem die Medizin keine Heilung mehr anbieten kann, hat einen Anspruch auf lindernde Schmerz-Therapie. Das schließt ein, daß er unverzüglich Morphin bekommt, wenn sich mit schwächer wirksamen Schmerzmitteln keine vollständige Schmerzfreiheit erzielen läßt.

Die vier Dimensionen des Schmerzes

1. Die körperliche Dimension von Schmerzen

Der Körper ist keine biochemische Maschine! Deshalb wäre eine Beschränkung der Therapie körperlicher Schmerzen auf die Gabe von Medikamenten halbherzig. Zu einer guten körperlichen Schmerztherapie gehört die Beachtung für den ganzen Körper des Erkrankten. Gerade der Körper sterbender Menschen ist oftmals arg geschunden. Manch Sterbender, der an einer »zehrenden« Krankheit (wie Krebs oder AIDS) leidet, mag seinen Körper mehr als einmal verflucht, als Last empfunden haben. Wird dieser Körper von einem Mitmenschen berührt, gepflegt, gar gestreichelt, so bedeutet dies eine Aufwertung des Körpers. Es ist eine Art liebevoller Zuwendung zum Körper, die es dem Sterbenden erleichtert, ihn auch selbst noch ein wenig zu lieben – um ihn dann schließlich liebend und nicht im Zorn vollständig loszulassen. Sorgfältige körperliche Pflege ist stets auch eine Form liebevoller Zuwendung zum Kranken. Deshalb kommt der Kranken-*Pflege* im Umgang mit Sterbenden auch ein solch hoher Stellenwert zu (Student 1988b).

Sylvia Lack, ärztliche Leiterin des ersten nordamerikanischen Hospizes, hat diesen Sachverhalt einmal zugespitzt so formuliert: »In den Gruppen in unserem Lande, die sich mit Tod und Sterben beschäftigen, wird heutzutage viel zuviel über psychologische und emotionale Probleme geredet und zuwenig darüber, wie man das Wohlbefinden des Patienten sichert. Jede Gruppe, die sich mit dem Dienst am Sterbenden beschäftigt, sollte in erster Linie über das Glattziehen von Laken, das Abreiben von Rücken, das Beheben von Verstopfung und die Nachtwachen reden. Einen Menschen psychologisch beraten zu wollen, der in einem nassen Bett liegt, ist geradezu lächerlich. [...] Ohne Schmerzen, gut gepflegt, mit kontrolliertem Stuhlgang und sauberem Mund, sowie mit einem Freund in der Nähe, der sich um einen kümmert, reduzieren sich die psychologischen Probleme durchaus auf ein erträgliches Maß.« (Duda 1982)

Zu guter körperlicher Schmerz-Therapie gehört also unabdingbar eine gute körperliche Pflege des Sterbenden. Bequemlichkeit, Behagen, Wohlgefühl – das sind einige der Begriffe, die umschreiben, was Pflege hier bewirken sollte. Die richtige Lagerung des Patienten, der sanfte Umgang mit seinem Körper und liebevolle Massagen können Schmerzen oftmals überraschend schnell beseitigen oder wenigstens lindern. Gute körperliche Schmerz-Therapie braucht also Schwestern und Pfleger, die genügend Wissen um solche sanften Formen der lindernden Pflege besitzen und die sowohl bereit als auch in der Lage sind, dieses Wissen, diese Fähigkeiten auch zum Wohle ihrer Patientinnen und Patienten einzusetzen, ohne sich von Terminkalendern und starren Zeitplänen ihre Zuwendung diktieren zu lassen.

Das Berufsbild der liebevoll, hingebungsvoll und fachlich gut geschult pflegenden Schwester hat seine Wurzeln im Deutschland des vorigen Jahrhundert. Es ist an der Zeit, etwas hiervon für unser Jahrhundert wiederzuentdecken und neu zu gestalten. Der heutige Pflegenotstand in unseren Kliniken ist ein Indiz dafür, wie sehr die Kunst der Schwester dort mißachtet wird. Voraussetzung für Veränderungen ist hier, daß es die Pflegenden selbst wieder lernen, selbstbewußt zur Eigenständigkeit ihrer heilenden Kunst zu stehen (Student 1992b).

Beseitigung körperlicher Schmerzen ist allerdings keineswegs gleichzusetzen mit einer Beseitigung von allem Leid! Die Beseitigung körperlicher Schmerzen ist jedoch eine wesentliche Voraussetzung dafür. Sie öffnet dem Sterbenden ebenso wie denen, die ihm nahe sind, den Blick für weitere Dimensionen des Schmerzes. Gute körperliche Schmerztherapie ist deshalb Voraussetzung für die Wahrnehmung und damit Bewältigung von Schmerzen jenseits der Körperlichkeit.

2. Die soziale Dimension von Schmerzen

Schmerzen empfindet ein Mensch nicht nur dann, wenn in seinem Körper etwas schmerzhaft in Unordnung geraten ist, sondern auch dann, wenn im sozialen Gefüge seiner Umgebung die Dinge für ihn schmerzhaft durcheinander geraten sind: etwa dann, wenn er die Trennung von geliebten Menschen schmerzlich wahrnehmen muß. Und dem Tod entgegenzusehen bedeutet, solch schmerzhafte Trennung zu erfahren. Trennungen erlebt der sterbende Mensch schon lange vor seinem Lebensende: dann z. B., wenn Pflegekräfte und Ärzte sich geängstigt vom Sterbenden zurückziehen. Auch dann, wenn Angehörige nicht wissen, ob sie ein offenes, ehrliches Gespräch mit dem Sterbenden beginnen dürfen und dann – vielleicht um ihn zu »schonen« – jegliches Gespräch vermeiden.

In der Bundesrepublik Deutschland sterben ohnedies die meisten Menschen noch immer in unvertrauter, isolierender Umgebung: nämlich in Krankenhäusern oder Pflegeheimen. Sie müssen die Trennung von ihren Mitmenschen in einer »totalen Institution« schmerzhaft erdulden. Auch Angehörige mögen diese Art der Trennung von einem Sterbenden als schmerzhaft erleben – und leiden für sich allein.

Was Familien in einer solchen Situation benötigen, ist eine schmerzlindernde Unterstützung durch Helferinnen und Helfer, die in der Lage sind, die Kommunikation unter den Betroffenen wieder in Gang zu setzen (Student 1989). Sie brauchen Unterstützung, die eine vertrauensvoll-geborgene Atmosphäre schafft, in der sich ein Mensch wieder zu Hause fühlen kann. Am leichtesten läßt sich dies natürlich dort erreichen, wo Menschen im wörtlichen Sinn zu Hause sind: in den eigenen vier Wänden, wo sie sich auskennen, Herr der Situation sind. Deshalb bedeutet Linderung »sozialer Schmerzen« vor allem, den betroffenen Menschen die Möglichkeit zu schenken, die letzten Tage des Lebens zu Hause, im vertrauten Kreis zu verbringen – oder wenigstens an einem Ort, der diesem Zuhause möglichst nahe kommt.

3. Die psychische Dimension von Schmerzen

Schmerz hat stets auch eine psychische Dimension. Bei Sterbenden meint dies besonders die schmerzliche Erfahrung, daß die Betroffenen und ihre Angehörigen nur noch eine letzte, begrenzte Chance haben, »unerledigte Geschäfte« zu erledigen, ungelöste Konflikte zu einem guten Ende zu bringen. Das fällt oft sehr schwer. Es wollte oft ein Leben lang nicht gelingen, und es bedeutet nun, über schmerzhafte Dinge zu sprechen: über Kränkungen, Vernachlässigungen, Ungerechtigkeiten ...

Darf man das einem Sterbenden überhaupt antun? Sollte man ihn nicht lieber schonen, Harmonie heucheln? – Nein. Nur dort, wo es gelingt, den schmerzhaften Prozeß einer Aussprache im letzten Moment zuzulassen und zu durchleiden, kann schließlich auch das andere glaubwürdig geschehen: die Entdeckung, wie viel an Liebe dem Sterbenden gegenüber empfunden wird, einer Liebe, die oftmals unter Bergen von Schuld-, Scham- und Wutgefühlen lange verschüttet war.

Erlösung von solchem Schmerz ist keine Frage der Zeit. Es erfordert vor allem Mut auf beiden Seiten – und mutige Helferinnen und Helfer, die bereit sind, diesen schmerzhaften Prozeß auszuhalten, ohne davonzulaufen.

4. Die spirituelle Dimension von Schmerzen

Unter spirituellen Schmerzen sind all diejenigen Schmerzen zu verstehen, die sich an der Sinnfrage entzünden: der Frage nach dem Sinn des Lebens und dem Sinn des Sterbens, der Frage nach dem Sinn unserer menschlichen Existenz schlechthin: »Was ist mein Leben wert gewesen?« »Was hat meinem Leben Sinn und Ganzheit gegeben?«

Die Frage zu stellen heißt, sich schmerzhaften Antworten ausgesetzt zu sehen. Es bedeutet, sich auf schmerzhaftes In-Frage-Stellen der eigenen Person einzulassen. Es heißt bisweilen auch, zu erleben, wie vertraute religiöse Vorstellungen ihre Tragfähigkeit verlieren und brüchig werden, wenn die schmerzhaft-ängstigende Frage nach dem »Danach« gestellt wird – oder ist es vielleicht eher die Frage nach dem »Davor«? Und worin liegt da überhaupt der Unterschied?

Spätestens hier wird der Helfende spüren, wie die Begegnung mit Sterbenden auch ihn selbst – als Sterblichen – schmerzhaft bedroht, wie festgefügte Dimensionen von Zeit und Raum sich aufzulösen drohen, Halt gebende religiöse Vorstellungen in Frage gestellt werden. Spätestens hier zeigt es sich, daß Schmerzen in ihrer Mehr-Dimensionalität nie nur ein individuelles Geschehen sind, sondern stets auch ein sozialer Prozeß. Deshalb betreffen Schmerzen nicht nur den Sterbenden, sondern auch seine Begleiterinnen und Begleiter. Und deshalb ist gute Schmerz-

Therapie stets auch Hilfe für die Helfenden und für die Angehörigen.

Am deutlichsten hat diesen Aspekt wohl der englische Sterbeforscher Parkes herausgearbeitet (Parkes und Weiss 1983). Seine Forschungen belegen, daß die Qualität der Schmerz-Therapie auch Auswirkungen auf die Trauer der Hinterbliebenen hat. Die Trauer der von ihm über 10 Jahre hin untersuchten Witwen verlief um so milder und mit weniger körperlichen und seelischen Komplikationen, je besser die Schmerz-Therapie war und je mehr dabei alle vier Dimensionen des Schmerzes berücksichtigt wurden (Cameron und Parkes 1983).

Solch eine ganzheitliche lindernde Pflege und Therapie bei Schmerzen umfaßt weit mehr, als übliche Institutionen des Gesundheitswesens zu bieten vermögen. Deshalb ist es kaum verwunderlich, daß die neue Hinwendung zum sterbenden Menschen und seinen Angehörigen in der zweiten Hälfte dieses Jahrhunderts auch die Entstehung neuer Formen der Betreuung gefördert hat. Solche neuen Betreuungsformen haben nicht nur das Ziel, bestehende Institutionen des Gesundheitssystems zu reformieren, sondern sie zu transformieren. Diese Erneuerungsbewegung, die von England und den USA ausgeht und eng mit dem Namen der berühmten Sterbeforscherin Dr. Elisabeth Kübler-Ross verbunden ist, trägt den Namen »Hospiz-Bewegung«. Von dieser wird im folgenden Kapitel die Rede sein.

Hinweis: Über die Schmerztherapie mit Morphin gibt u. a. die Broschüre *»Ohne Schmerzen sterben – die orale Morphin-Therapie in der Hand des Haus-*

arztes« Auskunft; sie kann von ÄrztInnen, Betroffenen und Interessierten bei der Deutschen Hospizhilfe, Reit 25, 21244 Buchholz, oder der Arbeitsgruppe »Zu Hause sterben«, Evangelische Fachhochschule Hannover, Blumhardtstraße 2, 30625 Hannover, angefordert werden.

Die heilsame Alternative: Hospiz

Johann-Christoph Student

Die 62jährige *Margarete Müller* (alle Namen und personenbezogenen Daten redaktionell geändert) war nach einer Reihe von Schlaganfällen zum »Pflegefall« geworden, wie es in der nüchternen Sprache der Krankenversicherung hieß. Sie war weitgehend an das Bett gebunden und in ihren Handlungsmöglichkeiten deutlich eingeschränkt. Nachdem ihr Befinden über lange Monate sehr stabil geblieben war und Ehemann und Tochter sich innerlich und äußerlich auf eine lange Zeit gemeinsamer Pflege der Frau und Mutter eingestellt hatten, kam es zu einer überraschenden Verschlechterung des Befindens von Frau Müller. Offenbar durch kleinere, kaum bemerkte Blutungen im Gehirn hatten ihre Fähigkeiten, sich zu bewegen und sprachlich zu äußern, innerhalb kurzer Zeit abgenommen.

Der Tod von Margarete Müller

Die Familie hatte eine Weile geschwankt, ob es nicht besser wäre, die Kranke wieder in die Klinik einweisen zu lassen. Aber Margarete Müller hatte dies seit langem schon strikt abgelehnt. Nein, sie wollte zu Hause bleiben. »Das bringt doch nix mehr«, war ihr lakonischer Kommentar stets gewesen, als sie sich noch deutlicher äußern konnte. – Die Angehörigen hatten das verstanden. Sie mochten dem auch jetzt nicht widersprechen und blieben bemüht, mit Hilfe einer Krankenschwester der sterbenden Frau das Leben zu erleichtern. Frau Müllers Kräfte schwanden dahin. Ihr Appetit ließ nach, sie schien, wie die Tochter mir sagte, »sich immer mehr in sich selbst zu kehren«. Als sie schließlich auch immer weniger Flüssigkeit zu sich nahm, meldete die Krankenschwester Protest an. So könne das nicht weitergehen, meinte sie. Die Kranke werde ja noch verdursten. So jemand gehöre ins Krankenhaus. Frau Müller, die nicht mehr recht sprechen konnte, schüttelte mühsam den Kopf. Nein, in die Klinik wollte sie keineswegs wieder zurück.

Als die alte Frau schließlich vor allen Getränken, die ihr die Pflegekraft anbot, die Lippen verschloß, telefonierte diese kurz entschlossen den Krankenwagen herbei, der Frau Müller ins nahegelegene Krankenhaus brachte. »Dort reagierte die Mutter erst 'mal überhaupt nicht mehr«, berichtete die Tochter mir. – In der Klinik hatte man sofort aufwendige Diagnostik angesetzt und der Kranken insbesondere eine Nasensonde gelegt, gegen die sie sich erheblich wehrte. Deshalb mußten ihr die Hände festgebunden werden.

Das Stöhnen und die Unruhe der Mutter beunruhigten die Tochter sehr. Sie hatte den Eindruck, daß die Mutter auch zunehmend schmerzhaft ihr Gesicht verzog. »Ach was«, wehrte die behandelnde Ärztin ab, »das ist nur hirnorganisch; die spürt doch nichts mehr.« Ob denn nicht etwas weniger Nahrung in die an solche Mengen nicht gewöhnte Frau »gefüllt« werden könne, wagte die Tochter zu fragen. »Davon verstehen Sie nichts«, wurde sie abgewimmelt.

Als die Tochter den Kampf ihrer Mutter gegen die Nasensonde nicht länger mit ansehen mochte, sprach sie erneut bei der Ärztin vor. »Diesmal war ich erfolgreicher, denn die Mutter half mir dabei«, berichtete die Tochter später. Sie machte so eindeutige Bewegungen, gab so intensive Laute bei diesem Gespräch am Krankenbett von sich, daß selbst die Ärztin überzeugt schien und »wenigstens für ein Weilchen« die Nasensonde entfernen ließ.

Frau Müller beruhigte sich sichtlich. Die Familie konnte wieder ohne Angst am Bett sitzen. Mitten in diese Atmosphäre platzte ein Pfleger herein. »Zum Computer-Tomogramm«, war die kurz angebundene Auskunft. – Als die Tochter abends wieder in die Klinik kam, fand sie die Mutter erneut mit Nasensonde versehen. Inzwischen jedoch wirkte sie weit entrückt. »Ich bekomme keinen Kontakt mehr mit ihr«, klagte sie mir. – Die Untersuchung hatte immerhin geklärt, daß das Gehirn unrettbar beschädigt war. »Suchen Sie einen Platz im Pflegeheim«, wurden die Angehörigen jetzt überraschend angewiesen, »das kann noch lange so gehen. Zu Hause schaffen Sie das nicht.« Die ratlose Familie machte sich auf die Suche, besichtigte mehrere Einrichtungen. – Drei Tage nach dieser fatalen Diagnose verstarb Margarete Müller in der Klinik, »ganz überraschend«. – »Und ich wäre doch so gerne bei ihr gewesen«, erinnerte sich die Tochter.

Die Veränderung der Medizin im 20. Jahrhundert

Ein extremer Fall – vielleicht. Er beleuchtet jedoch die Schwierigkeiten, die medizinische Einrichtungen und die dort Tätigen damit haben, dem Sterben seinen natürlichen Lauf zu lassen. Niemand traut einem schwerkranken Menschen dort offenbar zu, daß er noch selbst weiß, wann seine Zeit gekommen ist. Weil vielfach getan wird, was möglich ist, und nicht immer nur das, was nötig und erwünscht ist, fürchten die Menschen unserer Tage das Sterben oft mehr als den Tod.

Fast atemberaubend kann man die Entwicklung nennen, die die Medizin in unserem Jahrhundert genommen hat. Unendlich vieles hat sich bei ihr, aber auch durch sie verändert. Wer hätte es noch zu Beginn dieses Jahrhunderts ernsthaft für möglich gehalten, Organe von einem Menschen auf einen anderen zu verpflanzen? Ist der »homunculus«, oftmals als Hirngespinst der Alchimisten vergangener Jahrhunderte verlacht, nicht auf dem besten Wege, von der medizinischen Forschung wirklich in der Retorte zum Leben erweckt zu werden? Verspricht nicht die Genforschung gar, »Menschen nach Maß« zu erschaffen? – Mag dies alles vielleicht noch nicht dem medizinischen Alltag angehören, so hat die Medizin doch in diesem Jahrhundert genügend Erfolge im Umgang mit Krankheiten vorzuweisen: Starben in früheren Jahrhunderten einerseits vor allem sehr junge Menschen und andererseits Menschen in vorgerücktem Alter, so sind im 20. Jahrhundert das Sterben in erster Linie zu einem Phänomen des Alters geworden und Kindheit und Jugend zu einer Zeit größten körperlichen Wohlbefindens.

Dennoch: Weder Krankheit noch Behinderung oder gar das Sterben wurden in unserem Jahrhundert ausgerottet. Und mehr noch: Vieles, was uns auf den ersten Blick als *Fortschritt* in der Medizin erscheint, ist bei näherem Hinsehen bloß *Veränderung*. So beschreibt der Sozialmediziner Hans Schaefer die Veränderung im Bereich der Krankheiten nur als einen »Panoramawechsel« (Schaefer 1979). Damit meint er, daß zwar die akuten, d. h. kurz dauernden Erkrankungen (wie z. B. viele Infektionskrankheiten) nur noch einen geringen Anteil an der Gesamtheit der tödlichen Erkrankungen ausmachen, dafür aber die chronischen, d. h. lang hingezogenen Erkrankungen als Todesursachen relativ zugenommen haben. Hierzu zählen v. a. die Herz-Kreislauf-Erkrankungen, die verschiedenen Krebsarten und seit jüngster Zeit die Krankheit AIDS. Gegen sie alle hat die Medizin noch kein wirksames Heilmittel gefunden und wird es wohl auch in absehbarer Zeit nicht. Die Folge dieser Entwicklung ist, daß das Leben zwar länger und das Sterben weiter hinausgeschoben wird, wie der Soziologe Norbert Elias 1982 schreibt, aber zugleich auch die Zeit des Sterbens länger wird. Sterben stellt keine kurze Episode am Ende eines langen Lebens dar, es ist eine lange Phase, ein wesentlicher Teil des Lebens selbst geworden.

Das Renommee, das die Medizin durch ihre Entwicklung in unserem Jahrhundert zusätzlich gewonnen hat, zeigt weitere Folgen, die keineswegs nur als positiv beschrieben werden können. So beklagte der Medizinkritiker Ivan Illich schon gegen Ende der 70er Jahre die Medikalisierung des öffentlichen Lebens (Illich 1977). Was er damit meint, ist dies: Lebensphasen, die eigentlich dem Alltag von Menschen zugehören wie Schwangerschaft und Geburt, sozial abweichendes Verhalten, aber auch Behinderung,

Leiden und Tod, sind in den Machtbereich der Medizin geraten, mit Begriffen wie »krank« und »gesund« belegt worden. Auf solche Weise verliert der betroffene Mensch mehr und mehr den Einfluß auf diese Lebensphasen.

Der Berliner Kultursoziologe Dieter Lenzen (1991) geht mit seiner Kritik womöglich noch einen Schritt weiter. Er beschreibt, wie die Ärzte unserer Tage gewissermaßen in das Vakuum einer Gesellschaft eingedrungen sind, in der es an verbindlicher Religiosität fehlt. Sie haben dabei eine priesterliche Rolle übernommen, indem es ihnen zukommt, in den Krisenzeiten, die zu jedem menschlichen Leben gehören, die Rolle des Begleiters zu übernehmen. So stehen sie am Beginn menschlichen Lebens in Schwangerschaft und Geburt ebenso bereit wie an seinem Ende mit Gebrechlichkeit, Sterben und Tod.

Während jedoch die Priester aller Zeiten und Kulturen dazu beitrugen, die Krisenzeiten im menschlichen Leben zu nutzen, um dem Einzelnen eine Vorbereitung auf sein Lebensende zu ermöglichen, ist das den »Priestern« unserer Tage weitgehend unmöglich. Sie sehen ihren Auftrag ganz wesentlich darin, Krankheit zu verhindern, Leiden zu vermeiden. Sie stehen in Krisenzeiten bereit, um jeweils die Macht, das Regime zu übernehmen, nicht jedoch, um dem Einzelnen die Auseinandersetzung mit seinem Leiden zu ermöglichen und seine Autonomie im Umgang mit Krisen zu stärken. Ganz äußerlich schon wird das daran erkennbar, daß kranke Menschen heute weitgehend aus dem Alltag heraus in die Klinik aufgenommen werden müssen – auch wenn dies, wie z. B. bei der Geburt, zur Erhaltung der Gesundheit keineswegs zwingend geboten ist. Es zeigt sich aber auch in der ständigen Zurückdrängung des Hausarztes, für den der rasch erfundene Facharzt »fürs Allgemeine« (d. h. der Arzt für Allgemeinmedizin) kein angemessener Ersatz geworden ist (Student 1989).

Die Medizin setzt auf das Leben und weist es zumindest nicht deutlich von sich, wenn ihr unterstellt wird, daß sie zur Bezwingung des Todes in der Lage sei. Dadurch dient sie der Verdrängung der Todestatsache (Lenzen 1991, Seite 188). Sie behindert damit die Auseinandersetzung des Menschen mit seiner eigenen Endlichkeit und trägt dazu bei, daß Menschen unserer Tage den Tod selbst im hohen Alter noch »plötzlich und unerwartet« erleiden.

Die Medizin unseres Jahrhunderts kann also auf erhebliche Entwicklungen zurückblicken. Gleichzeitig hat jedoch der Ärztestand selbst, ebenso wie diejenigen, die ihnen Macht und Anerkennung verleihen – und das sind wir alle –, nicht unbedingt auch die ethische Kraft und Verantwortungsfähigkeit ausgebildet, mit dieser Entwicklung Schritt zu halten.

Ärztliches Handeln als Kampf

Der Kampf für das Leben, besser das Überleben, als höchstes Ziel ärztlichen Handelns unserer Zeit, scheint die Handelnden vielfach blind dafür gemacht zu haben, daß es Grenzen des Machbaren gibt und immer geben wird – und gerade ÄrztInnen stecken mit dieser Haltung offenbar alle anderen in der Klinik Tätigen an.

In ihrer Ausbildung lernen ÄrztInnen nicht, zu erkennen, wann dieser Kampf für das Überleben »verloren« ist. Schlimmer noch: In ihrer Ausbildung lernen sie überhaupt erst, daß es sich bei der Anwendung moderner Medizin-Technik um einen Kampf handelt, in dem es nur Gewinner und Verlierer gibt; und zu letzteren möchte keiner gern gehören. So kämpfen sie vielfach auch dann noch, wenn der Kampf eigentlich längst verloren ist, und sind unfähig geworden wahrzunehmen, daß Kampf nicht die einzige Handlungsstrategie einem kranken und leidenden Menschen gegenüber sein müßte.

ÄrztInnen erleben es als Versagen, wenn die Krankheit einer Patientin oder eines Patienten unheilbar geworden ist; schlimmer noch, wenn die Patientin oder der Patient gar stirbt. Der Sterbende im Krankenhaus wird von ÄrztInnen und Pflegekräften leicht als lebendiger Ausdruck ihres Mißerfolges empfunden. Wenig fürchten sie mehr, als daß ausgerechnet während ihrer Dienstzeit ein Mensch stirbt, sei dieser Tod auch noch so absehbar gewesen. Der Sterbende wird zum Stein des Anstoßes in der glatten Routine des Stationsalltags. Kein Wunder, daß Ärzte und Pflegekräfte mehr Angst vor Sterben, Tod und Trauer haben als die Durchschnittsbevölkerung (Feifel et al. 1967; Potthoff 1980; George et al. 1989)

Zwar gibt es in jedem gut organisierten Krankenhaus »Alarmpläne« für alle nur erdenklichen Notfälle, seien es Herzinfarkt, akutes Nierenversagen oder geburtshilfliche Notoperation. Und solche Pläne sind wichtig, geben sie doch gerade dem Unerfahrenen das nötige Gefühl der Sicherheit. – Handlungsvorschläge aber für den würdigen Umgang mit dem Menschen, bei dem Wiederbelebungsmaßnahmen unsinnig geworden sind, oder für den Umgang mit Eltern, deren Kind tot geboren wird, existieren weithin nicht. Statt dessen werden sterbende Menschen in der Klinik an den Rand gedrängt. Dies ist ein weiterer Ausdruck des Verlustes ärztlicher Handlungskompetenz gegenüber sterbenden Menschen, wie er in der wissenschaftlichen Literatur vielfach beschrieben worden ist (vgl. Glaser und Strauss 1974; Christian-Widmaier 1984).

Sterbende Patientinnen und Patienten passen nicht mehr in das auf Gesundheit ausgerichtete Handlungskonzept der Klinik und führen den dort Tätigen in schmerzlicher Weise ihre Grenzen vor Augen. Äußerlich zeigt sich die Verdrängung des sterbenden Menschen dort durch seine Verlegung: im günstigsten Fall in ein Einzelzimmer – im ungünstigsten Fall auch heute noch in das Bad oder eine Abstellkammer. Sie zeigt sich aber auch an der Einschränkung der Kontakte von ÄrztInnen und Pflegekräften zum sterbenden Menschen. Die Visiten werden kürzer, die Pflegekräfte betreten das Krankenzimmer seltener, und es dauert länger, bis eine Pflegekraft auf das Klingeln des todkranken Menschen reagiert (vgl. Glaser und Strauss 1974; Christian-Widmaier 1984).

Insgesamt zeigt sich hier das von Soziologen zu Recht beklagte Fehlen professioneller Handlungsstrategien von ÄrztInnen (und Pflegekräften) gegenüber Sterbenden (Benoliel 1974). Statt dessen leiten Rat- und Hilflosigkeit ebenso wie Mitleid (vgl. Dörner, Seite 31 ff.) das Handeln. ÄrztInnen und Pflegekräfte verhalten sich dem sterbenden Menschen gegenüber »laienhaft«.

Indem ÄrztInnen und andere Krankenhaus-MitarbeiterInnen ihre professionelle Kompetenz gegenüber dem kranken Menschen, der im Sterben liegt, verlieren, werden sie auf ihre eigene Privatheit verwiesen. Sie sind nur noch in der Lage, als Privatpersonen zu handeln. Wie »gut« ihr Handeln ist, hängt von ihrer ganz persönlichen, privaten Erfahrung im Umgang mit sterbenden Menschen ab. Aber auch umgekehrt wird alles Handeln gegenüber sterbenden Menschen in der Klinik leicht als ausschließlich »privat« angesehen: Wer sich längere Zeit, als unbedingt für zielgerichtetes medizinisches Handeln erforderlich ist, im Zimmer eines sterbenden Menschen aufhält, wird auf »dringlichere« Aufgaben verwiesen, womöglich sogar wegen »Faulheit« zurechtgewiesen.

Das alles ist nicht etwa als »Schuld« der in der Klinik Handelnden anzusehen, sondern Ausdruck einer kollektiven Unfähigkeit der Menschen unserer Zeit zum rechten Umgang mit dem Phänomen Tod; es ist ein Zeichen der »Verwilderung« unseres Umgangs mit dem Sterben (Ariès 1987). Die in der Klinik Tätigen sind hier zugleich »Opfer« wie »Täter«.

Solche Unfähigkeit im Umgang mit Sterben, Tod und Trauer wirkt sich aber nicht nur fatal auf den sterbenden Menschen selbst aus. Sie hat auch erhebliche Auswirkungen auf die indirekt Betroffenen, insbesondere die Angehörigen: Mit dem Verdrängen des Todes werden auch Abschied und Trauer nicht mehr öffentlich zugelassen. Hilfreiche Rituale der Verlustbewältigung sind beinahe völlig aufgegeben worden, und dies wiegt ebenso schlimm wie das Verbergen des Todes selbst. Das Fehlen kollektiver Bewältigungsstrategien bei Verlusterfahrungen macht Menschen krank. Die hohe Zahl von körperlichen, seelischen und sozialen Erkrankungen Hinterbliebener (zum Teil sogar mit tödlichem Ausgang) spricht hier eine bedrückende Sprache (Parkes 1972; Joraschky und Köhle 1981; Parkes und Weiss 1983). Damit trägt der Fortschritt der Medizin indirekt dazu bei, gerade das entstehen zu lassen, was er zu verhindern sucht: Krankheit und vorzeitigen Tod.

Die Wende

Angesichts dieser belasteten Situation der Ärzte im Umgang mit Sterben, Tod und Trauer mag es tröstlich sein, daß es wiederum zwei Ärztinnen waren, die eine Wende zum menschlicheren Umgang mit dem Sterben eingeleitet haben.

Ende der 60er Jahre veröffentlichte eine Schweizer Ärztin und Psychiaterin, die ihrem Mann in die USA gefolgt war, ein aufsehenerregendes Buch. Sein deutscher Titel lautet höchst anstößig *»Interviews mit Sterbenden«*. War das nicht schlicht makaber? Kann man so etwas mit sterbenden Menschen überhaupt machen? Ist das nicht unwürdig, vielleicht gar pure Effekthascherei? Was mochte diese, damals völlig unbekannte Frau dazu bewegt haben, so mit Sterbenden umzugehen? – Sie selbst berichtet sehr schlicht, daß sie, die aus der Schweiz stammende Einwanderin, sich im riesigen Amerika ungemein einsam und verlassen gefühlt habe. Deshalb wandte sie sich schließlich denen zu, die nach ihrem Eindruck noch einsamer, noch verlassener waren – eben den sterbenden Menschen (Gill 1981).

Diese Frau wurde zunächst massiv bekämpft – von

ihren ärztlichen KollegInnen ebenso wie von der Öffentlichkeit. Offenkundig hatte sie durch ihr Tun ein Tabu berührt, was auch in unserer, ach so aufgeklärten Zeit nicht ohne »Strafe« bleiben durfte. – Aber es gab auch andere Stimmen. Menschen, die vielleicht zunächst einfach nur neugierig waren und die sich dann anstecken ließen von dem Mut, der Beherztheit, der Liebe dieser Frau, die nichts weiter tat, als Sterbenden ihr Menschsein zurückzugeben, sie nicht wie Aussätzige, wie »lebende Leichname«, behandelte, sondern als lebendige Wesen mit Ängsten, Wünschen, Hoffnungen und Befürchtungen; als Menschen, die Anspruch darauf hatten, wahrgenommen zu werden, zu GesprächspartnerInnen gemacht zu werden. Nein, mehr: Menschen, die für uns alle, die wir uns noch so weit entfernt vom Tode glauben, wichtige Botschaften bereithalten; Menschen, die nicht nur berechtigte Ansprüche an uns stellen, sondern uns etwas geben, uns etwas schenken können.

Die Frau, der wir es zu verdanken haben, daß heute weltweit unendlich viele Menschen dieses Wissen Sterbender in Anspruch nehmen, heißt *Elisabeth Kübler-Ross*. Ihr ist auch die Entstehung des vorliegenden Buches zu verdanken. – Schon früh, als junges Mädchen, hatte sie die Sicherheit der Schweizer Bergwelt verlassen, war durch das von den Folgen des Zweiten Weltkrieges geschüttelte Europa gereist mit dem Ziel, dort Hand anzulegen, wo sie benötigt wurde. Sie hatte sich all dem Leid gestellt und war schließlich bis in das Konzentrationslager Majdanek gekommen, in dem unzählige Kinder von den Nazis bestialisch ermordet worden waren. Dort aber hatte sie nicht Haß und Verzweiflung gefunden, sondern in einer Überlebenden des Holocaust bedingungslose Liebe kennengelernt.

Zu Recht wird die heute 66jährige inzwischen als bekannte und anerkannte Forscherin mit Ehrungen aller Art überhäuft. An allen Enden dieser Erde arbeiten Menschen in ihrem Sinn und ebnen anderen – und damit auch sich selbst – einen Weg zu würdigem Sterben.

In Frieden leben bis zuletzt

Gehen wir zurück in die 40er Jahre dieses Jahrhunderts, hin in ein lautes und aktives Londoner Großklinikum. Dort begegnen wir der jungen Krankenschwester *Cicely Saunders*. Sie hatte dort einen Mann mittleren Alters zu pflegen, der unheilbar an Krebs litt. Eine ganz alltägliche Sache also. Vielleicht nicht ganz so alltäglich war es, daß sie mit diesem Mann ins Gespräch kam. Sie erfuhr von ihm, daß er, ein Jude, gerade dem Holocaust des Warschauer Ghettos entkommen war. Nun haderte er mit seinem Schicksal, das es ihm nicht erlaubte, die neu gewonnene Freiheit zu genießen. Er hatte Angst und fürchtete sich vor einem Lebensende in Einsamkeit und Schmerzen.

Die junge Schwester ließ sich von seinem Schicksal berühren und gewann ihn lieb. Gemeinsam teilten sie in langen Gesprächen auch ihre Visionen von einem besseren Sterbeort als der nüchternen Klinik und erträumten sich ein Haus, in dem auch sterbende Menschen willkommen wären und in Frieden leben dürften, bis zuletzt.

Als ihr Patient und Freund starb, hinterließ er Cicely Saunders sein ganzes, wenngleich bescheidenes Vermögen mit den Worten: »Lassen Sie mich ein Fenster sein in Ihrem Haus.« Die Schwester verstand, wie er dies meinte. Und in den kommenden Jahren ließ sie der Gedanke an ein solches Haus, in dem Sterbende in Würde leben könnten bis zuletzt, nicht mehr los. Die Entwicklung der Kliniken zu hochtechnisierten Behandlungszentren schien es ihr sogar noch notwendiger zu machen als zuvor.

Mittlerweile hatte sie ein Zusatzstudium absolviert und war Sozialarbeiterin geworden. Auch hier hatte sie noch nicht haltgemacht, sondern schließlich gar Medizin studiert – jedoch ihr Versprechen nie vergessen. Aber es sollten zwanzig Jahre vergehen, bis dieses Haus endlich Wirklichkeit wurde.

Heute ist es gerade 25 Jahre her, daß im Villenviertel eines kleinen Vorortes von London ein seltsames Haus eröffnet wurde. So etwa wie eine Klinik sei es, aber nur für Menschen, die sterben würden, munkelten die Nachbarn. Eine »Sterbeklinik« nannten es Böswillige gar. Cicely Saunders, die dieses Haus nach jahrzehntelangen Vorarbeiten 1967 eröffnen konnte, hatte jedoch ganz anderes im Sinn. Ein Haus des Lebens hatte sie eröffnet, einen Ort, an dem sterbende Menschen und ihre Familien einen Platz finden, an dem sie gemeinsam leben können bis zuletzt. Deshalb gab Dr. Saunders diesem Haus auch nicht den Namen Klinik, sondern nannte es *»Hospiz«*, um damit auf seine Besonderheiten aufmerksam zu machen. Erinnert dieser Name doch an jene mittelalterlichen Hospize, d. h. Herbergen, die Wanderern auf ihrer Pilgerreise Rast, Unterkunft, Verpflegung und gelebte Gemeinschaft Gleichgesinnter anboten. So sollte auch dieses Hospiz neuer Art ein Ort sein, an dem Menschen am Ende ihrer irdischen »Pilgerreise« die Fürsorge fanden, um in Würde die letzten Tage des Lebens zu verbringen.

Hospize: Orte des Lebens

Jenes erste Hospiz erregte alsbald weit über die Grenzen des Landes hinaus Aufsehen. Kritische, skeptische Blicke waren es zunächst. Bald aber fanden sich Menschen, die das, was dort in London entwickelt worden war, aufgriffen und an anderen Orten umsetzten. Aus dem ersten Hospiz entstand eine um sich greifende Bewegung: die *Hospizbewegung*. Insbesondere in den USA entwickelte sich unter dem Einfluß von *Elisabeth Kübler-Ross* eine Fülle neuartiger Hospizformen, die deutlich machen, worum es bei Hospizen geht: um die sensible Wahrnehmung der Bedürfnisse und Wünsche, der Ängste, Befürchtungen und Hoffnungen sterbender Menschen und ihrer Angehörigen. Aber sind es nicht Hoffnungen, Wünsche, Ängste und Befürchtungen, die überhaupt erst unser Menschsein ausmachen, uns unsere Lebendigkeit geben? Den sterbenden Menschen auf diese Weise nicht als unheilbar Kranken abzutun, sondern als lebendiges Wesen in seiner Ganzheit anzunehmen, das wird damit zum Kern der Botschaft der Hospizbewegung.

Auf diese Weise wird verständlich, daß die Mehrzahl der über 2.000 Hospize, die es mittlerweile weltweit gibt, ihr hilfreiches Angebot im ambulanten Bereich verwirklicht und ihr Ziel keineswegs in der Realisierung eines Hospiz-Hauses sieht. Denn fragen wir Menschen nach ihren Wünschen bezogen auf den eigenen Tod, so sehnen sich die meisten danach, an vertrautem Ort, umgeben von denen, die ihnen nahe stehen, sterben zu dürfen. Wo ließe sich dieser Wunsch besser verwirklichen als dort, wo der Mensch sein Zuhause hat? Auf solche Weise ist verständlich, daß eines der wesentlichen Ziele der weltweiten Hospizbewegung darin liegt, mehr Menschen ein *Sterben zu Hause* zu ermöglichen.

Deshalb auch sind die Zeiten lange vorbei, in denen man unter Hospiz in erster Linie einen bestimmten Ort, vielleicht sogar eine spezielle Station für Sterbende meinte. Wenn heute von Hospiz die Rede ist, so verstehen wir hierunter ein hilfreiches Angebot für sterbende Menschen und ihre Familien, das sich an unterschiedlichsten Orten und in unterschiedlichsten Formen verwirklichen läßt. Gemeinsam jedenfalls ist Hospizen ein Grundkonzept, das sich insbesondere in fünf Regeln zusammenfassen läßt (Student 1991):

1. Der sterbende Mensch und seine Angehörigen (im weitesten Sinn) sind gemeinsame Adressaten des Hospizdienstes. Hierin liegt ein entscheidender Unterschied zur Angebotsstruktur des herkömmlichen Gesundheitswesens. Indem sich Hospiz-Dienste vollständig um die Wünsche sterbender Menschen und ihrer Angehörigen (Familie, Partner, Freunde) zentrieren, gelingt es ihnen, den ganzen Menschen wahrzunehmen – in allen vier Dimensionen seiner Existenz (der körperlichen ebenso wie der psychischen, sozialen und spirituellen). Nur so gelingt es, Trennungen auf das unvermeidbare Maß zu reduzieren. Denn gerade die Angehörigen benötigen nicht weniger Aufmerksamkeit und Fürsorge als der Sterbende selbst, wenn sie in dieser schwierigen Phase gemeinsamer Existenz bestehen sollen.

2. *Die Betroffenen werden durch ein interdisziplinär arbeitendes Team von Fachleuten unterstützt.* Diesem Team gehören mindestens ÄrztIn, Pflegekräfte, SozialarbeiterIn und SeelsorgerIn an. Denn nur ein Team von Fachleuten kann den vielfältigen Wünschen Betroffener gerecht werden. Jedes Teammitglied bringt seine ganz besonderen fachlichen Qualifikationen mit. Neben Pflegekräften und ÄrztInnen sind SozialarbeiterInnen für eine solche Arbeit deshalb besonders qualifiziert, weil sie durch ihre Ausbildung speziell darin geschult sind, Hilfe zur Selbsthilfe anzubieten. Das heißt, sie helfen den PatientInnen, Kontrolle über die Situation zurückzugewinnen und damit in Würde zu sterben. – SeelsorgerInnen gewinnen ein Stück ihrer alten Rolle im Sterbeprozeß mit Hilfe der Hospize zurück. Sie tragen in den Sterbeprozeß wieder das Element der Spiritualität hinein, wo lange Zeit nur das der Technologie herrschte.

Der Begriff Team schließt den gegenseitigen Respekt vor den Fähigkeiten der MitarbeiterInnen untereinander ein. Die Teammitglieder unterstützen deshalb nicht nur die betroffene Familie, sondern stützen sich auch gegenseitig, insbesondere in emotionaler Hinsicht. Denn wenn die Teammitglieder es nicht gelernt haben, liebevoll miteinander umzugehen, wird ihnen das auch schwerlich mit Angehörigen und Sterbenden gelingen.

3. Freiwillige HelferInnen werden in den Hospiz-Dienst einbezogen. Freiwillige Mitarbeiterinnen und Mitarbeiter, Laien also, stellen einen entscheidenden Bestandteil des Hospiz-Dienstes dar. Sie sollen nicht etwa als »Lückenbüßer« dort einspringen, wo es an Hauptamtlichen mangelt, sondern sie haben ganz eigenständige Aufgaben. Sie repräsentieren gewissermaßen das Element der »Normalität« im Hospiz und tragen entscheidend dazu bei, daß das Hospiz in das Gemeinwesen, aus dem es entstanden ist, auch integriert bleibt. Sie sind es, die Sterbebegleitung erst wirklich zu zwischenmenschlicher Begegnung machen.

4. Das Hospiz-Team verfügt über spezielle Kenntnisse und Erfahrungen in der lindernden Therapie (palliativen Therapie). Eine der häufigsten Ursachen für Selbsttötungsabsichten sterbender Menschen liegt darin, daß der Schwerstkranke unter quälenden Schmerzen leidet oder diese fürchtet. Umfassende Erfahrungen in der Therapie von Schmerzen und Linderung von anderen, das Sterben belastenden Körperreaktionen haben zum Renommee der Hospize innerhalb des Gesundheitswesens wesentlich beigetragen. Lindernde Therapie ist aber nicht nur eine spezielle Aufgabe für Ärzte und Schwestern. Denn Schmerzen haben neben der körperlichen stets auch eine soziale, psychische und spirituelle Komponente (vgl. Seite 100 ff.).

5. Hospize gewährleisten Kontinuität in der Betreuung. Hierzu gehört einmal, daß die Familie sicher sein kann, rund um die Uhr eine kompetente Mitarbeiterin bzw. einen kompetenten Mitarbeiter des Teams anzutreffen. Dies mag in Kliniken selbstverständlich sein. Im wichtigen Bereich herkömmlicher ambulanter Betreuungs-Systeme (in Deutschland v. a. Hausarzt und Sozialstationen) fehlt eine solche Sicherheit vielfach. Allein dieses Grundelement der Hospiz-Dienste gibt vielen Familien erst den Mut, einem sterbenden Angehörigen das Leben zu Hause zu ermöglichen. – Zum Angebot der Kontinuität gehört aber auch, daß die Fürsorge des Teams für die Familie nicht mit dem Tod des geliebten Menschen endet. Die Angehörigen werden von dem Hospiz-Team auch durch die Phase der Trauer begleitet. Das ist ein wichtiger Beitrag zur Prävention von Krankheiten bei den Hinterbliebenen, indem die Krankheitsfolgen der Trauer gelindert werden (Cameron und Parkes 1983).

Ein anspruchsvolles Konzept, gewiß, keineswegs aber eines, das besonders kostenintensiv ist oder gar klinische Spezialeinrichtungen fordert. Wichtiger ist, daß dieses Konzept den Blick dafür geöffnet hat, welchen Wert das Sterben zu Hause für alle Beteiligten bereitet – die Sterbenden und ihre Angehörigen ebenso wie die Helferinnen und Helfer. Die Vorzüge des Sterbens zu Hause liegen auf der Hand (Duda 1982; Roche 1986):

- Zu Hause kann sich der Sterbende auf wohltuende Weise erwünscht fühlen;
- zu Hause hat auch der sterbende Mensch mehr Einfluß auf die Gestaltung und Qualität seiner letzten Lebensspanne;
- zu Hause erfährt der Sterbende mehr Achtung und bewahrt seine Würde;
- aber auch die Angehörigen erfahren zu Hause mehr selbständige Verfügungsmöglichkeit über die Situation;

- zu Hause erlebt sich die Familie eher als nützlich, hilfreich und notwendig und bleibt dann nach dem Tod des Sterbenden seltener mit dem Gefühl zurück, Entscheidendes versäumt zu haben;
- zu Hause schließlich können sterbende Menschen und ihre Familien »normaler«, alltäglicher, vollständiger leben und sich gemeinsam besser innerlich auf das Sterben vorbereiten; Gefühle können zu Hause freier und ungestörter ausgedrückt werden – das gilt für Trauer ebenso wie für Ärger, Schmerz und Liebe.

Wenn wir Menschen das Sterben zu Hause ermöglichen wollen, müssen wir hierzu eigentlich gar keinen ungewöhnlichen organisatorischen Aufwand treiben. Darauf wies u. a. McCusker bereits 1985 hin. Schon wenn einige wenige Elemente eines Hospizkonzeptes realisiert werden, können weit mehr Menschen als heute zu Hause sterben:

- Ein 24-Stunden-Bereitschaftsdienst sollte gewährleistet sein.
- Das Team der Helferinnen und Helfer sollte über gute Kenntnisse, Erfahrungen und Möglichkeiten der Symptomkontrolle verfügen.
- Für die Familie sollten ausreichende Entlastungsangebote bereitstehen.

Zu Hause sterben: die Geschichte des Willi Horn

Der 70jährige *Willi Horn* litt an einem unheilbaren Tumor des Gehirns. Als die Ärzte seiner Frau mitgeteilt hatten, daß sie »nichts mehr tun« könnten, stand für sie fest, daß sie ihren Mann nach Hause zurückholen würde. Zu schlimm war die Erinnerung an den Tod des Vaters, der unter Qualen in einer Klinik sein Leben beendet hatte. Das sollte ihrem Mann erspart bleiben. Zunächst schien alles gutzugehen. Gemeinsam mit ihrer Tochter, einer jungen Sozialarbeiterin, hatte sie die Rückkehr nach Hause vorbereitet. Dort stand bereits das Krankenbett, das sie aus dem Hilfsmittellager einer kirchlichen Organisation geliehen hatte. Die Sozialstation des Stadtteils war informiert und hatte ihr zugesagt, im Rahmen der ärztlichen Verordnung tätig zu werden.

Frau Horn hatte damit gerechnet, daß ihr Mann rasch schwächer und unbeweglicher werden würde. Nicht erwartet hatte sie, daß sich nach drei Wochen der Pflege zu Hause erhebliche Schmerzen bei dem Lebenspartner einstellen würden. In dieser Situation rief mich schließlich die Tochter zu Hilfe. – Die ärztliche Untersuchung von Herrn Horn erwies sich als äußerst schwierig, da er kaum noch verständlich sprechen konnte und insgesamt recht benommen wirkte. Die Tochter allerdings verstand es in bewundernswerter Weise, dem Vater seine Wünsche buchstäblich von den Augen abzulesen. Ich lernte rasch, daß ich gut daran tat, mich bei der Schmerztherapie ganz auf ihre Angaben zu verlassen. Nach wenigen Tagen schon wirkte Herr Horn entspannter, begrüßte mich mit einem freundlichen Lächeln, wenn ich an sein Bett trat, und wirkte insgesamt ruhiger, ohne benommen zu erscheinen.

Auch die Familie schien sich nun entspannen zu können, und es war Zeit für lange Gespräche mit der Ehefrau, die eine ganz andere Art von Schmerzen quälten. Sie schlug sich mit der Angst herum, auf welche Weise ihr Mann wohl sterben würde, und sie verband hiermit schreckliche Befürchtungen. Ihr fielen all die Berichte ein, die sie gehört hatte über den »Todeskampf«, und nicht zuletzt die Erinnerung an den Tod ihres Vaters peinigte sie. Sie fürchtete, den Anforderungen eines solchen dramatischen Lebensendes nicht gewachsen zu sein, berichtete von ihrem sie schon ein Leben lang begleitenden Gefühl, »nicht gut genug« zu sein.

Die Tage vergingen. Herrn Horns Kräfte nahmen weiter ab, seine Lähmungen verstärkten sich, das Bewußtsein begann zu schwinden. Bei Frau Horn aber war zunehmend eine Entspannung, fast so etwas wie Gelassenheit zu spüren.

Als ich die Familie an einem der letzten Tage im Leben dieses sterbenden Mannes besuchte, schien alles gut geordnet zu sein – wäre da nicht eine schwer beschreibbare Spannung spürbar gewesen, die ich nicht so recht einordnen konnte und deren Quelle ich nicht erkannte.

Als ich bereits wieder im Hinausgehen war, wandte ich mich – einer Eingebung folgend – noch einmal der Tochter zu: »Mit Ihnen und dem Vater ist doch gewiß alles gut geregelt«, sagte ich mehr, als ich es fragte. Aber da brach es aus der Tochter förmlich heraus: »Nein, überhaupt nicht. Ich kann mich einfach nicht von ihm verabschieden. Ich fühle mich wie gelähmt, wenn ich auch nur daran denke.« – Es folgte ein langes Gespräch mit der jungen Frau. Sie berichtete, wie sie sich stets nach der Liebe dieses Vaters gesehnt hatte und wie sehr sie sich von seiner strengen, kaum eigene Gefühle zulassenden Art zurückgewiesen und gekränkt gefühlt hatte. Eine lange Geschichte gegenseitiger Verletzungen und Kränkungen folgte.

Zum Abschluß bat ich die Tochter, dies alles, all die schmerzlichen Erfahrungen, noch jetzt ihrem Vater zu sagen. Nur zu verständlich, daß sie dies weit von sich wies. »So etwas kann man doch nicht machen!« wandte sie ein. »Das kann ich ihm doch in diesem Zustand nicht mehr antun. – Außerdem wird er mich ja gar nicht mehr hören«, fügte sie schließlich hinzu.

Als ich am letzten Morgen im Leben von Willi Horn noch einmal bei der Familie hereinschaute, fand ich die Tochter neben dem Bett des Vaters sitzend, seine Hand umfaßt. »Es ging«, nickte sie mir zu. Und später erzählte sie mir dann, wie es gegangen war: Nachdem sie es fertiggebracht hatte, dem Vater all das Schreckliche zu erzählen, »war mir so, als ob er meine Hand drücke – obgleich sie doch schon gelähmt war. Und dann konnte ich ihm endlich auch das andere sagen, von meiner Liebe und Verehrung für ihn sprechen. Und da floß aus seinem linken Auge eine Träne. Gibt es so 'was überhaupt?«

Am Nachmittag desselben Tages kam, wie immer um diese Zeit, der Sohn zu einem kurzen Besuch. Die junge Frau saß wieder am Bett des Vaters. Frau Horn hatte sich erschöpft auf die Couch im selben Zimmer gelegt. Als der Sohn im Türrahmen stand, atmete Herr Horn ein letztes Mal friedlich aus.

Hospize: Orte des Wachstums

Wenden wir uns – nach diesem Exkurs in die Praxis – noch einmal den konzeptionellen Überlegungen der

Hospizbewegung zu. Hier geht es heute schon längst nicht mehr ausschließlich darum, bestimmte Formen der Unterstützung für betroffene Familien anzubieten, sondern die Grundidee des Hospizkonzeptes in vielfältigster Form innerhalb, aber auch außerhalb etablierter Strukturen lebendig werden zu lassen. Allerdings, auch das muß gesagt werden, in Deutschland hat es die Hospizbewegung nicht leicht (Student 1985). Erst mit einer Verspätung von weit über einem Jahrzehnt gegenüber anderen westlichen Staaten konnte sie hierzulande Fuß fassen. Noch immer hat sie mit Widerständen zu kämpfen, die teils aus Vorurteilen und Ängsten entstehen, teils in der Struktur und Unbeweglichkeit unseres Gesundheitswesens liegen. Auch wenn es mittlerweile (Stand 1992) beinahe zwanzig solcher hilfreichen Angebote bundesweit gibt (vgl. Seite 136 ff.), nimmt sich das im europäischen Vergleich doch recht bescheiden aus. Viel gibt es noch zu tun, aber zugleich ist auch die Schar derjenigen, die zur Hilfe bereit sind, ständig gewachsen.

Was für die Realisierung von Hospizen noch weit wichtiger ist als finanzielle Mittel, das sind die Menschen, die bereit sind, in einen solchen Dienst ihre Kraft und ihr Können einzubringen. Hospiz-Dienst, das ist ein besonders anspruchsvoller Dienst. Ebenso wie die Unterstützung des sterbenden Menschen diesen als ganzen im Auge behält, so fordert sie auch vom Helfenden, daß er sich seinem Tun als ganzer Mensch stellt. Hierzu gehört ein hohes Maß an medizinischem Wissen und Können, gepaart mit der Fähigkeit zu liebevoller Pflege und kompetenter psychosozialer Beratung ebenso wie das Vermögen, unsere eigene Spiritualität angemessen einzubeziehen.

Wenn HelferInnnen einem sterbenden oder trauernden Menschen begegnen, dann wird sie dies stets berühren. Es wird sie an ihre eigene Sterblichkeit, ihre eigenen Krankheitsbefürchtungen und ihre eigene Trauererfahrung erinnern. Die Begegnung mit dem Sterben macht zunächst einmal Angst. Es ist die Angst vor dem Unbekannten, die Angst vor Verlusten, die Angst vor Beschwerden – kurz dieselben Ängste, wie sie auch der sterbende Mensch selbst verspürt. Dies wahrzunehmen beunruhigt. Ist es nicht Aufgabe des Helfenden, selbst stark, »gefaßt«, belastungsfähig zu sein? Kann nicht nur derjenige andere wirksam unterstützen, der selbst belastungsfähig ist, ungeängstigt, stark?

Wie aber könnten wir stark sein angesichts eines Phänomens, das wir selbst gar nicht kennen! Ist uns der Sterbende nicht eigentlich auf seinem Wege weit voraus? Befindet er sich nicht bereits in einer Region, die unserem unmittelbaren Erleben noch verschlossen ist? – Dies zu bedenken mag uns helfen, ein Stück der Arroganz zu verlieren, die in jedem Hilfsangebot zu stecken scheint und die unverblümt ausgesprochen hieße: »Ich kann es besser.« Nein, wir können es nicht besser. Aber wir brauchen es als Helfende auch gar nicht besser zu können. Was wir können sollten, ist, ehrlich zu sein und unsere Grenzen zu kennen. Dann nämlich entdecken wir unsere Ängste und Befürchtungen, die uns hindern, uns unbefangen dem sterbenden Menschen zu nähern. Wir entdecken, was uns an dieses Leben bindet und uns hindert, dem Lösungsprozeß des Sterbenden gelassen beizuwohnen. Es ist all das, was in unserem Leben in Unordnung ist. Es ist all das, von dem wir uns vorstellen, daß wir es eines Tages schon noch einmal regeln werden – wenn es denn soweit ist ...

Aber der Sterbende erinnert uns daran: Heute ist es soweit. Heute müssen wir den Konflikt mit den Eltern, den Streit mit den Kollegen klären, den Betrug am Partner gestehen, die eigenen Verletzungen uns eingestehen, den Verlust von Hoffnungen und Wünschen betrauern, Schuld offenlegen. Hierzu sind wir vielleicht in diesem Moment nicht bereit, nicht in der Lage. Und deshalb können wir »es einfach nicht mehr mit ansehen«, hoffen, daß »es bald zu Ende geht«.

Eine gute Vorbereitung auf den Dienst an sterbenden und trauernden Menschen bedeutet deshalb mehr als nur den Erwerb von helfenden »Techniken«. Der Umgang mit sterbenden Menschen zwingt uns dazu, den Blick auf uns selbst zu wagen. Nur wer den Mut hat, in die Abgründe der eigenen Seele zu schauen, die unbequemen Seiten der eigenen Person anzuerkennen, der hat auch die Chance, dem sterbenden Menschen hierbei hilfreich nahe zu sein. Mehr als ein »nahe sein« ist dabei kaum möglich. Denn im Grunde genommen ist der Sterbende uns doch stets ein wenig voraus. Er geht bereits auf einem Weg, der noch vor uns liegt, und führt uns. Auch dies haben wir anzuerkennen. Es wird uns nicht immer leicht sein, sind wir doch als Helfende hieran nicht gewöhnt. Oft genug vermittelt uns die helfende Rolle das Gefühl, daß wir es sind, die Führung übernehmen, weil der andere uns und sich selbst zu schwach erscheint.

Begleitung sterbender Menschen ist stets ein partnerschaftliches Tun. Es bedeutet, daß wir uns auf den Weg eines anderen Menschen einlassen, uns hineinnehmen lassen in seine Erfahrungen und diese aushalten. So mutet uns der Sterbende aber nicht nur etwas zu, sondern er beschenkt uns auch. Er beschenkt uns mit seinen Erfahrungen, die er vor uns macht, und mit der Notwendigkeit zur Begegnung mit uns selbst. Er lehrt uns die wohl wichtigste Lektion im Umgang mit dem Sterben: Er lehrt uns zu leben. Denn nur wenn wir uns selbst gemäß leben, würdig leben, finden wir auch einen Weg zu würdigem, uns selbst gemäßem Sterben. Die Erfahrung eines solchen Weges schenkt uns der Sterbende. Und darüber hinaus läßt er uns – bisweilen jedenfalls – etwas davon ahnen, was an jener Grenze des Lebens offenbar wird. Es ermöglicht uns – vielleicht –, etwas zu spüren von jener Wirklichkeit, die jenseits unserer irdischen Existenz auf uns wartet (Kübler-Ross 1984b).

Vorbereitung auf die Begleitung sterbender Menschen, Training und »Ausbildung« für den Hospiz-Dienst, soll uns helfen, hierfür offen zu werden. Sie kann es uns erleichtern, daß wir uns diesem Gewinn nicht verschließen müssen aus Angst vor dem Verlust, der damit verbunden ist (Kübler-Ross 1983; Student 1991, Seite 114 ff.). Solche Vorbereitung setzt bei den Helfenden die Bereitschaft voraus, sich auf den verändernden Prozeß, der in diesem Angebot besteht, einzulassen. Veränderung ist stets mit Schmerzen verbunden. Aber das sind »Wachstumsschmerzen«. Es sind Schmerzen, die den Weg innerer Entwicklung begleiten. Sie sind ein Zeichen dafür, daß wir lebendig sind in diesem Leben, sie ermöglichen uns zugleich ein Gespür für die Lebendigkeit zu entwickeln, die auf uns wartet, jenseits des Todes.

Hinweis: Praktische Hinweise zur Unterstützung von Menschen, die zu Hause sterben möchten, enthält die Broschüre »Zu Hause sterben – Hilfen für Betroffene und Angehörige«. Sie ist gegen Einsendung der Portokosten (0,80 DM in Briefmarken) bei der Arbeitsgruppe »Zu Hause sterben«, Evangelische Fachhochschule Hannover, Blumhardtstraße 2, 30625 Hannover, erhältlich.

Anhang

Weiterbildungsmöglichkeiten für Hospiz-MitarbeiterInnen
(alphabetisch geordnet)

Nähere Informationen zu den einzelnen Angeboten erhalten Sie über die genannten AnsprechpartnerInnen

Im Folgenden geben wir eine Auswahl von qualifizierenden und qualifizierten Weiterbildungsmöglichkeiten für berufliche und freiwillige MitarbeiterInnen in Hospizen und Hospiz-Initiativen an (jeweils alphabetisch geordnet):

I. Workshops

Dies sind intensive Ausbildungs- und Trainingsangebote, die insbesondere Selbsterfahrungsmöglichkeiten einschließen

Gregg Furth:
Interpretation von Spontan-Zeichnungen (und weiterführende Workshops)
Anmeldungen in der Schweiz: Frau Elsie Rubin, Alte Landstr. 153, CH-8800 Thalwil
Anmeldungen in Deutschland: Frau Tine Rein, Obere Brandstr. 44B, 70567 Stuttgart

Christoph Student:
Sterben – Trauern – Leben (und weiterführende Workshops)
Senol-Traum-Workshop
Anmeldungen: Arbeitsgruppe »Zu Hause sterben«, Evangelische Fachhochschule Hannover, Blumhardtstr. 2, 30625 Hannover oder Ev. Fachhochschule Freiburg, Bugginger Str. 38, 79114 Freiburg

Beth Weiner:
Lebendiger leben lernen (und weiterführende Workshops)
Anmeldungen in Deutschland, Schweiz und Österreich: Frau Tine Rein, Obere Brandstr. 44B, 70567 Stuttgart

II. Allgemeine, überregionale Weiterbildungsangebote

Bildungsforum Chirurgie (gefördert durch die Deutsche Krebshilfe e. V., Bonn), Joseph-Stelzmann-Str. 20, 50931 Köln

Ansprechpartnerin: NN

Zielgruppe:
KrebspatientInnen, LeiterInnen von Selbsthilfegruppen in der Krebsnachsorge

Themenbereiche:
Krankheitsbewältigung, Sterbebegleitung, Trauerverarbeitung, Angehörigenarbeit

Bildungswerk der Arbeitsgemeinschaft für medizinische Ethik und Gesellschaftsbildung (AMEG) e. V., Joseph-Stelzmann-Str. 20, 50931 Köln

Ansprechpartner: NN

Zielgruppe:
Krebskranke und deren Angehörige, LeiterInnen von Selbsthilfegruppen in der Krebsnachsorge, hauptamtliche MitarbeiterInnen in der Krebsnachsorge, AIDS-Kranke, deren Freunde und Familienangehörige, MitarbeiterInnen aus regionalen AIDS-Hilfen und Organisationen, die AIDS-Kranke betreuen.

Themenbereiche:
Bewältigung von Krankheit, Begleitung von Sterbenden, Trauerverarbeitung, Angehörigenarbeit.

Christophorus Hospiz Verein e. V., Ligsalzstr. 32/2, 80339 München

Ansprechpartnerin: Christel Orth

Zielgruppe:
Laien und im Gesundheitswesen Tätige

Themenbereiche:
Die Hospizidee – ein anderer Umgang mit Sterben, Tod und Trauer

Evangelische Fachhochschule Hannover, Zentrale Einrichtung Weiterbildung, Blumhardtstr. 2, 30625 Hannover

Ansprechpartner: Professor Dr. med. J.-C. Student

Zielgruppen:
Ärzte, Krankenschwestern und Krankenpfleger, AltenpflegerInnen, SozialarbeiterInnen, SeelsorgerInnen, PsychologInnen, PädagogInnen, freiwillige HelferInnen, schwerkranke und vom Tode bedrohte Menschen sowie deren Angehörige (insbesondere Menschen mit Krebs und Menschen mit AIDS sowie Kinder), Besuchsdienste und alle Laien, die an Sterbebegleitung und Trauerarbeit interessiert sind.

Themenbereiche:
Sterbebegleitung – Lebensbeistand – Trauerarbeit – Bewältigung der damit verbundenen Belastungen.

Hospiz-Bildungswerk der internationalen Gesellschaft für Sterbebegleitung und Lebensbeistand e. V., St. Hildegardishaus, Rochusberg 1, 55411 Bingen

Ansprechpartner: Kurt Marthaler

Zielgruppen:
Ärzte, Krankenschwestern und Krankenpfleger, AltenpflegerInnen, SozialarbeiterInnen, SeelsorgerInnen, PsychologInnen, PädagogInnen, freiwillige HelferInnen, Besuchsdienste und alle Laien, die an Sterbebegleitung und Trauerarbeit interessiert sind.

Themenbereiche:
Sterbebegleitung – Lebensbeistand – Trauerarbeit – Bewältigung der damit verbundenen Belastungen.

Hospizkolleg der Bremer Hospiz-Hilfe, Hammersbecker Str. 228, 28755 Bremen

Ansprechpartner: Dieter Tunkel

Zielgruppen:
Menschen in helfenden Berufen, insbesondere Personen, die mit sterbenden und trauernden Menschen ehrenamtlich und beruflich zu tun haben.

Themenbereiche:
Insbesondere qualifizierte Arbeit in und mit Gruppen.

Psychosoziale Nachsorgeeinrichtung und Fortbildungsseminar (Ernst-Moro-Haus) an der Chirurgischen Universitätsklinik Heidelberg, Im Neuenheimer Feld 155, 69120 Heidelberg

Ansprechpartnerin: Gerlinde Ruoff

Zielgruppen:
MitarbeiterInnen aus den Bereichen Krankenpflege, Sozialarbeit, Seelsorge und Psychologie, die innerhalb ihrer praktischen Tätigkeit schwerstkranke und sterbende Patienten betreuen, pflegen und behandeln

Themenbereiche:
psychosoziale Onkologie

Stuttgarter Hospiz-Dienst, 70184 Stuttgart, Stafflenbergstr. 22

Ansprechpartnerin: Dr. Daniela Tausch-Flammer

Zielgruppen:
Laien, Menschen, die sich mit diesem Thema auseinandersetzen möchten, in dem Bereich der Sterbebegleitung tätige Berufsgruppen.

III. Spezielle Angebote für Trauerberaterinnen und Trauernde

Jorgos Canacakis: Trauerseminare
Anmeldungen: Akademie für menschliche Begleitung (AMB); Goldammerweg 9, 45134 Essen

Ruthmarejke Smeding: Lehrgang zur Erschließung der Trauer
Anmeldungen: Arbeitsgruppe »Zu Hause sterben«, Evangelische Fachhochschule Hannover, Blumhardtstr. 2, 30625 Hannover

Trauerwege e. V.: »Trauerprozesse und zyklische Gruppenarbeit« für Menschen, die in der ehrenamtlichen oder beruflichen Arbeit mit Trauernden stehen
Anmeldung: Trauerwege e. V., Greiffenklaustr. 15, 55116 Mainz

Kontakt- u. Informationsstelle Verwaiste Eltern in Deutschland: Weiterbildungsseminare für TrauerbegleiterInnen
Anmeldung über Ev. Akademie Nordelbien, Esplanada 15–16, 20354 Hamburg

Ambulante und stationäre Hospize sowie Palliativstationen in Deutschland
(Stand: Herbst 1995 – geordnet nach PLZ-Gebieten)

Zusätzlich zu zahlreichen Hospiz-Initiativen arbeiten in Deutschland bereits die unten genannten Hospize. Sie folgen unterschiedlichen Konzepten und erfüllen z. T. noch nicht alle Kriterien eines Hospiz-Programmes vollständig. Aufgenommen wurden an dieser Stelle nur diejenigen der uns bekannten Institutionen, die folgende Kriterien erfüllten: regelmäßige (mindestens federführende) Organisation eines ausschließlich für Sterbende und deren Angehörige gedachten, umfassenden (d. h. medizinischen, pflegerischen und psychosozialen) Betreuungsangebotes. Es muß eine kompetente Schmerztherapie, 24stündige Rufbereitschaft und Entlastungsangebote für die Familie einschließen.
In dieses Verzeichnis mit aufgenommen wurden auch die **Palliativstationen.** Palliativstationen sind Spezialstationen oder -abteilungen von Kliniken, die der lindernden Therapie (insbesondere der Schmerztherapie) von unheilbar kranken Menschen dienen.

Sie verwirklichen oftmals wichtige Elemente eines Hospizangebotes. Manche der Palliativstationen arbeiten sogar im Sinne eines Hospizes. Andere verstehen sich aber in erster Linie als klinische Sondereinheiten, bei denen nach kliniküblicher Routine gearbeitet werden muß und insbesondere die für Hospize typische ganzheitliche Fürsorge für Patient und Angehörige nicht gesichert ist. Wesentliche Schwäche vieler Palliativstationen ist die geringe Verzahnung mit dem ambulanten Bereich. Palliativstationen stellen grundsätzlich einen Kompromiß zwischen Hospiz-Fürsorge und klinischer Therapie dar.

Hospiz-Haus-Betreuungs-Team
am St. Elisabeth-Krankenhaus
Mauerstr. 6–10, 06110 Halle und
Tageshospiz
Steinweg 54, 06110 Halle
Palliativstation
Fachkrankenhaus Marienstift
Clara-Zetkin-Str. 72, 08340 Schwarzenberg
Palliativstation
Krankenhaus Spandau
Lynarstr. 12, 14193 Berlin
Abteilung für Palliativtherapie
Krankenhaus Woltersdorf
Schleusenstr. 50, 15567 Woltersdorf
Palliativstation
Klinik Dr. Hancken GmbH
Harsefelder Str. 8, 21680 Stade
Palliativstation
Allgemeines Krankenhaus Barmbek der Freien Hansestadt Hamburg
Rübenkamp 148, 22307 Hamburg
Palliativstation
Abt. Anästhesie, Klinikum der Medizinischen Universität zu Lübeck
Ratzeburger Allee 160, 23562 Lübeck
Katharinen Hospiz am Park
Palliativstation – Hospiz-Hausbetreuungsdienst
Mühlenstraße 1, 24937 Flensburg
Palliativstation
St. Joseph Hospital
Wiener Str. 1, 27568 Bremerhaven
Wohngemeinschaftshaus Hospiz Luise
Brakestr. 2D, 30559 Hannover

Hospiz »Mutter der Barmherzigkeit«
Gesellenhausgasse 1, 33098 Paderborn
Ambulanter Hospiz-Dienst Marburg
– Tumorzentrum –
Alte Kasseler Str. 43, 35039 Marburg
Palliativstation
Ev. Krankenhaus Göttingen-Weende
An der Lutter 24, 37075 Göttingen
Franziskus-Hospiz
Hochdahler Markt 2, 40699 Erkrath
Hospiz St. Christopherus
Rathausstr. 19, 41061 Mönchengladbach
Malteser-Hospiz St. Christophorus
Hohle Eiche 29, 44229 Dortmund
Palliativstation
Ev. Krankenhaus Herne
Wiescherstr. 24, 44623 Herne
Hospiz Steele e. V.
Hellweg 100, 45276 Essen
Hospiz zum hl. Franziskus
Röntgenstr. 39, 45661 Recklinghausen
Palliativstation
Elisabeth-Krankenhaus GmbH
Röntgenstr. 10, 45661 Recklinghausen
Elisabeth-Hospiz
St. Vinzenz-Str. 6, 45711 Datteln
Malteser Hospiz St. Raphael
Schreckerstr. 16, 47166 Duisburg
Station für palliative Therapie
Chirurgische Universitätsklinik Köln
Joseph-Stelzmann-Str. 20, 50931 Köln mit:
Hausbetreuungsdienst
Chirurgische Universitätsklinik Köln
Joseph-Stelzmann-Str. 20, 50931 Köln und
Dr. Mildred-Scheel-Haus
Joseph-Stelzmann-Str. 9, 50924 Köln sowie:
Hospiz Köln-Heimersdorf
Pater-Dionysius-Straße 14, 50767 Köln-Heimersdorf
Palliativstation
Vinzenz-Pallotti-Hospital
Vinzenz-Pallotti-Str. 20–24, 51429 Bergisch-Gladbach
Hospiz »Haus Hörn«
Johann-von-den-Drisch-Weg 4, 52074 Aachen

Palliativstation
Kreiskrankenhaus Marienhöhe GmbH
Mauerfeldchen 25, 52146 Würselen

Station für palliative Therapie
Robert-Janker-Klinik
Baumschulallee 12–14, 53115 Bonn

Station für Palliative Therapie
Malteser Krankenhaus
von-Hompesch-Str. 1, 53123 Bonn

Elisabeth-Hospiz
Ühmichbach 7, 53797 Lohmar-Deesem

Hospiz Stella Maris
Bruchgasse 14A, 53894 Mechernich

Palliativstation des Herz-Jesu-Krankenhauses
Friedrich-Wilhelm-Str. 29, 54290 Trier

Palliativstation
St. Elisabeth-Krankenhaus
Friedrich-Ebert-Str. 59, 56564 Neuwied

Malteser-Hospiz St. Hildegard
Am Rheinberg 35, 55411 Bingen

Hospiz zur hl. Elisabeth
Pfarrgasse 5, 57368 Lennestadt

Christopherus Haus
Krankenhaus GmbH
Roßmarkt 23, 60311 Frankfurt/M.

Palliativstation
Krankenhaus Nordwest
Steinbacher Hohl 2–26, 60488 Frankfurt/M.

Palliativstation »Hospiz Louise«
St. Michaels-Krankenhaus
Kühlweinstr. 103, 66333 Völklingen

Hospiz Louise
Kaiserstr. 21, 69115 Heidelberg

Stuttgarter Hospiz-Dienst
Stafflenbergstr. 22, 70184 Stuttgart

Palliativstation
Marienhospital Stuttgart
Böheimstr. 37, 70199 Stuttgart

Hospiz »Sonnenlicht«
Ettlingerstraße 39B, 76337 Waldbronn

Haus Maria Frieden – AIDS-Hospiz
Auf der Hub 1, 77784 Oberharmersbach

Ambulantes Hospiz Christophorus/Palliativdienst des CHV
Rotkreuzplatz 2a, 80634 München
Johannes-Hospiz
Krankenhaus der Barmherzigen Brüder
Romanstraße 93, 80639 München

Bundesweit arbeitende Hospiz-Organisationen in Deutschland
(alphabetisch geordnet)

Arbeitsgemeinschaft zur Förderung der Hospizbewegung in der Bundesrepublik Deutschland beim Bundesministerium für Arbeit und Sozialordnung
Rochusstr. 1, 53123 Bonn
Bundes-Arbeitsgemeinschaft Hospiz
Steinweg 54, 06110 Halle/Saale
Deutsche Hospizhilfe e. V.
Reit 25, 21244 Buchholz
Internationale Gesellschaft für Sterbebegleitung und Lebensbeistand e. V.
Im Rheinblick 16, 55411 Bingen
OMEGA – Mit dem Sterben leben e. V.
Kassler Schlagd 19, 34346 Hann. Münden
Zentrum für Hospiz-Forschung und -Ausbildung
Arbeitsgruppe »Zu Hause sterben«
Evangelische Fachhochschule Hannover
Blumhardtstraße 2, 30625 Hannover

Patientenverfügung

Hinweise für eine persönliche Bestimmung im Falle einer schweren, unheilbaren Erkrankung oder eines entsprechenden Unfalles

Viele Menschen unserer Tage denken voll Sorge daran, daß sie eines Tages mit einer unheilbaren Gesundheitsstörung, die ihnen ein sinnvolles Weiterleben nicht mehr ermöglicht, bewußtlos ins Krankenhaus kommen könnten. Sie fürchten, daß in diesem Falle ÄrztInnen dennoch zu intensiven Maßnahmen greifen, um weniger das Leben als vielmehr das Leiden zu verlängern. Sie möchten für diesen Fall gerne heute schon verfügen, daß dies nicht ihrem Wunsch und Willen entspricht. Hierzu ist es vermutlich am wichtigsten, diese Dinge mit nahen Angehörigen oder anderen Vertrauenspersonen rechtzeitig zu besprechen, damit diese ggf. die behandelnden ÄrztInnen in sinnvoller Weise über den Willen der Patientin bzw. des Patienten in Kenntnis setzen können.

Eine weitere Hilfe dabei, diese Absicht bereits jetzt zu bekunden, besteht in der Abfassung einer sogenannten »Patientenverfügung« oder eines »Patiententestamentes«, wie sie heute von verschiedensten Organisationen angeboten werden. Wohl der erste, der in der Bundesrepublik solch ein Patiententestament und seine rechtliche Würdigung beschrieben hat, war *Uhlenbruck* (vgl. Uhlenbruck 1989).

Im Folgenden haben wir einen Text für eine solche Patientenverfügung abgedruckt, der uns zu diesem Zwecke freundlicherweise von *PRO SENECTUTE, Gesellschaft für würdiges Leben und Sterben im Al-*

ter (Erlenstr. 76, W-2800 Bremen 1) zur Verfügung gestellt wurde und den wir nur geringfügig modifiziert haben. Hinsichtlich der rechtlichen Sicherheit, die sich aus solchen Patiententestamenten oder -verfügungen ergeben, sei auf das Kapitel »Das Recht auf den eigenen Tod«, Seite 51 in diesem Buch verwiesen.

Wenn Sie den folgenden Text verwenden wollen, sollte er von Ihnen *handschriftlich* abgeschrieben und von zwei Zeugen gegengezeichnet werden. Selbstverständlich können Sie ihn für Ihre eigenen Bedürfnisse so abwandeln, wie Ihnen dies richtig erscheint. Wichtig ist, daß Sie Ihre Angehörigen darüber in Kenntnis setzen, daß Sie eine solche Patientenverfügung aufgesetzt haben, und wo Sie sie aufbewahren.

Als *Zeugen* sollten stets Personen unterschreiben, die sich möglichst im unmittelbaren Lebensumkreis der verfassenden Person befinden. Es können auch Angehörige sein. Der Grund dafür: Im Notfall muß der Brief in die Hände der behandelnden Ärzte gelangen. Falls die betroffene Person nicht mehr ansprechbar ist, soll einer der Zeugen den Brief übergeben. – Sollte einer der Zeugen sterben oder den Lebensumkreis verlassen, soll eine andere Person die Zeugenschaft übernehmen und durch Unterschrift bestätigen. – Sinnvoll ist es auch, daß Sie selbst dieses Dokument immer wieder in größeren zeitlichen Abständen neu unterzeichnen, um damit deutlich zu machen, daß es nach wie vor Ihrem Willen entspricht.

Patientenverfügung

Im Vollbesitz meiner geistigen Kräfte verfüge ich gegenüber meinen Ärzten folgendes:

I.

Ich wünsche einen menschenwürdigen Tod und bitte meine Ärzte, mir dabei zu helfen. Ich erkläre deshalb, daß ich mit einer Intensivtherapie, Reanimation und sonstigen Eingriffen nicht einverstanden bin, falls ich in einen Zustand dauernder Bewußtlosigkeit durch schwere Dauerschädigung meiner Gehirnfunktion gerate. Ein solcher Zustand ist anzunehmen, wenn zwei Fachärzte zu diesem Urteil gelangen und keine abweichenden ärztlichen Prognosen vorliegen.

II.

Auch unabhängig vom Fortbestehen einer Bewußtlosigkeit erkläre ich für den Fall einer Dauerschädigung meiner Gehirnfunktion: Wenn meine geistigen Funktionen schwerwiegend und unumkehrbar geschädigt worden sind, so bitte ich um Einstellung jeder Therapie. Auch insoweit ist auf das Urteil zweier Fachärzte abzustellen, falls keine abweichenden ärztlichen Prognosen vorliegen.

III.

Für den Fall, daß ich aufgrund der Störung vitaler Funktionen zu einer Willensäußerung nicht mehr in der Lage bin und an einer unausweichlich alsbald zum Tode führenden Krankheit mit großen Schmerzen leide, wünsche ich außer Schmerzbekämpfung keine therapeutischen Maßnahmen.

Diese Verfügung bitte ich zu meinen Krankenunterlagen zu nehmen. Zu Maßnahmen, die dieser Verfügung widersprechen, verweigere ich ausdrücklich die Zustimmung.

IV.

Vor der Entscheidung über die Durchführung der Patientenverfügung sind folgende Personen zu benachrichtigen:

....

....

Der behandelnde Arzt ist verpflichtet, an sie Auskunft zu geben.

V.

Falls ich nicht mehr in der Lage bin, selbst entsprechende Entscheidungen über ärztliche Maßnahmen zu treffen, bestimme ich als meinen vom Vormundschaftsgericht zu bestellenden Betreuer:

Frau / Herrn ....

(Name und Anschrift der Betreuerin bzw. des Betreuers)

VI.
Ich verstehe die Bedeutung dieser Verfügung und bin im Vollbesitz meiner geistigen Kräfte.

....

Ort/Datum   *Unterschrift der Verfasserin bzw. des Verfassers*

* * *

Der Unterzeichnende ist mir bekannt, und ich habe mich davon überzeugt, daß er im Vollbesitz seiner geistigen Kräfte ist.

Erster Zeuge

....

Name

....

Unterschrift

Zweiter Zeuge

....

Name

....

Unterschrift

Für den Fall, daß ich in ein Alten- oder Pflegeheim komme, sehe ich vor, daß meine Patientenverfügung vom Träger des Heimes beachtet wird.
Demgemäß sind zwei Fachärzte einzuschalten, falls der Verdacht besteht, daß ich in einen Zustand geraten bin, wie er nach der Patientenverfügung zur Einstellung therapeutischer Maßnahmen führen soll.
Ich bin mir darüber im klaren, daß ich diese Weisung der Heimleitung in Verbindung mit der Patientenverfügung konkret noch geben muß.

Literaturverzeichnis

Ariès, Ph.: Geschichte des Todes. 2. Auflage, Deutscher Taschenbuch Verlag, München 1987

Benoliel, J. Q.: Anticipatory Grief in Physicians and Nurses. In: Anticipatory Grief, hrsg. von B. Schoenberger et al. McGraw-Hill, New York 1974

Cameron, J., Parkes, C.M.: Terminal Care: Evaluation of Effects on Surviving Family of Care Before and After Bereavement. Postgrad. Med. J., 59 (1983), S. 73

Christian-Widmaier, P.: Der institutionelle Rahmen thanato-therapeutischer Arbeit. In: Die Begleitung Sterbender, hrsg. von Spiegel-Rösing, I., Petzold, H.; Jungfermann, Paderborn 1984, S. 183 ff

Deuchar, N.: AIDS in New York City. Brit. J. Psychiat 145 (1984) S. 612

Dörner, K., Plog, U.: Irren ist menschlich – oder Lehrbuch der Psychiatrie / Psychotherapie. Psychiatrie Verlag, Rehburg-Loccum 1984

– *u.a. (Hrsg.):* Der Krieg gegen die psychisch Kranken. Psychiatrie-Verlag, Rehburg-Loccum 1980

–: Tödliches Mitleid – Zur Frage der Unerträglichkeit des Lebens. Oder: die Soziale Frage: Entstehung, Medizinisierung, NS-Endlösung heute und morgen. Verlag Jakob van Hoddis, Gütersloh 1990

Duda, D.: A Guide to Dying at Home. John Muir Publications, Santa Fee 1982

Elias, N.: Über die Einsamkeit der Sterbenden. Suhrkamp Verlag, Frankfurt / Main 1982

Feifel, H., Hanson, S., Jones, R., Edwards, L.: Physicians Consider Death. Proceedings 76th Annual

Convention. In: American Psychological Association, Washington 1967, S. 201

George, W., Beckmann, D., Vaitl, D.: Aktuelle empirische Daten zu den Sterbebedingungen im Krankenhaus. Psychother. med. Psychol. 39 (1989) 8, S. 306–309

Gill, D.: Elisabeth Kübler-Ross. Wie sie wurde, wer sie ist. Kreuz Verlag, Stuttgart 1981

Glaser, B.G., Strauss, A.: Interaktion mit Sterbenden. Beobachtungen für Ärzte, Schwestern, Seelsorger und Angehörige. Vandenhoeck & Ruprecht, Göttingen 1974

Gorz, A: Kritik der ökonomischen Vernunft. Rotbuch, Berlin 1989

Grewel, H.: Recht auf Leben – Drängende Fragen christlicher Ethik. Vandenhoeck & Ruprecht, Göttingen 1990

–: Brennende Fragen christlicher Ethik. 2. Auflage, Vandenhoeck & Ruprecht, Göttingen 1992

Herschbach, P.: Arbeitsbedingungen im Krankenhaus – Die psychische Belastung von Ärzten/Ärztinnen und Krankenpflegekräften im Krankenhaus. Edition Medizin, Weinheim 1991

Illich, I.: Die Nemesis der Medizin. Rowohlt, Reinbek 1977

Joraschky, P., Köhle, K.: Partnerverlust als Beispiel für psychosoziale Krankheitsentstehung. In: Lehrbuch der psychosomatischen Medizin, hrsg. von Th. v. Uexküll. München 1981, S. 193 ff

Klee, E.: »Durch Zyankali erlöst«. Sterbehilfe und Euthanasie heute. Fischer Taschenbuch Verlag, Frankfurt/M. 1990

Klitzing-Naujoks, von, W., Klitzing, von, K.: Die

Krankenschwester und der sterbende Patient. Prozesse in der Krankenschwester-Patienten-Beziehung bei der Pflege schwer- und todkranker Patienten. Prax. Psychother. Psychosom. 37 (1992), S. 48–55

Kübler-Ross, E.: On Death and Dying. Macmillan, London 1969

–: Interviews mit Sterbenden. Kreuz Verlag, Stuttgart 1971

–: Leben, bis wir Abschied nehmen. Kreuz Verlag, Stuttgart 1979

–: Verstehen, was Sterbende sagen wollen – eine Einführung in die symbolische Sprache. Kreuz Verlag, Stuttgart 1981

– *(Hrsg.):* Reif werden zum Tode. Kreuz Verlag, Stuttgart 1983

–: Befreiung aus der Angst. Kreuz-Verlag, Stuttgart 1983

–: Kinder und Tod. Kreuz Verlag, Stuttgart 1984a

–: Über den Tod und das Leben danach. Die Silberschnur, Melsbach 1984b

–: Die unsichtbaren Freunde. Oesch Verlag, Glattbrugg-Zürich 1985

–: AIDS – Herausforderung zur Menschlichkeit. Kreuz Verlag, Stuttgart 1988

Lenzen, D.: Krankheit als Erfindung. Medizinische Eingriffe in die Kultur. Fischer Taschenbuch Verlag, Frankfurt/M. 1991

McCusker, J.: The Use of Home Care in Terminal Cancer. Am J. of Preventive Medicine 1 (1985) 2, S. 42–52

Noll, P.: Diktate über Sterben & Tod. Pendo Verlag, Zürich 1984

Parkes, C.M.: Bereavement. Studies of Grief in Adult Life. Tavistock Publications, London 1972

Parkes, C.M., Weiss., R.S.: Recovery from bereavement. Basic Books, New York 1983

Potthoff, P.: Der Tod im medizinischen Denken. Enke, Stuttgart 1980

Rest, F.: Das kontrollierte Töten – Lebensethik gegen Euthanasie und Eugenik. Gütersloher Verlagshaus Gerd Mohn, Gütersloh 1992

Roche, K.A.: Outpatient Hospice Care. In: Hospice, hrsg. von J.M. Zimmerman. 2. Auflage, Urban und Schwarzenberg, Baltimore / Munich 1986, S. 133–150

Sartre, J. P.: Saint Genet. Rowohlt, Reinbek 1982

Saunders, C. (Hrsg.): Hospice and Palliative Care: An Interdisciplinary Approach. Edward Arnold, London usw. 1990, S. 102 ff

Schaefer, H.: Plädoyer für eine neue Medizin. Piper, München 1979

Stössel, J.-P.: Tüchtig oder tot – Die Entsorgung des Leidens. Verlag Herder, Freiburg 1991

Student, J.-C.: Hospiz versus »Sterbeklinik«. Wege zum Menschen 37 (1985) S. 260–269

–: Schmerz-Therapie bei sterbenden Menschen – Die orale Morphin-Therapie in der Hand des Hausarztes. Göttingen 1988a

–: Das Sterben nicht verschlafen. Forum Sozialstation (1988b) 45, S. 14–16

–: Zu Hause sterben – wiederentdeckte Aufgaben für den Hausarzt. In: Pflegen bis zuletzt, hrsg. vom Christophorus-Hospiz-Verein, München 1989, S. 53–65

– *(Hrsg.):* Das Hospiz-Buch. 2. Auflage, Lambertus, Freiburg 1991

– *(Hrsg.):* Im Himmel welken keine Blumen – Kinder begegnen dem Tod. Verlag Herder, Freiburg 1992a

–: Läßt sich der Pflegenotstand durch bessere Ausbildung beheben? – Zur Diskussion um die Konzepte einer Fachhochschulausbildung für Pflegekräfte. Medizin Mensch Gesellschaft 17 (1992b) 2, S. 146–156

–, *Tiffin-Richards, M.C.:* Beratung und Hilfen für Menschen mit AIDS. Zur Konzeption und Evaluation eines berufsbegleitenden Studienganges. In: Holthaus, E., Berndt, H., Elkeles, T., Frank, M., Zillich, N. (Hrsg.): Soziale Arbeit und Soziale Medizin. FHSS, Berlin 1992c, S. 190–214

Twycross, R., Zenz, M.: Die Anwendung von oralem Morphin bei inkurablen Schmerzen. Anaesthesist 32 (1983), S. 279–283

Uhlenbruck, W.: Patiententestament. In: Lexikon Medizin, Ethik, Recht, hrsg. von A. Eser, M. v. Lutterotti, P. Sporken. Herder, Freiburg 1989

Wagner, H. (Hrsg.): Grenzen des Lebens – Wider die Verwilderung von Sterben, Tod und Trauer. Verlag Josef Knecht, Frankfurt/M. 1991

Wolfensberger, W.: Der neue Genozid an den Benachteiligten, Alten und Behinderten. Verlag Jakob von Hoddis, Gütersloh 1991

Verzeichnis der Autoren

Professor Dr. med. Dr. phil. Klaus Dörner
Westfälisches Landeskrankenhaus für Psychiatrie, Psychosomatik und Neurologie, Gütersloh. Gründungsmitglied der Deutschen Hospizhilfe

Professor Dr. theol. Hans Grewel
Fachbereich Gesellschaftswissenschaften, Philosophie und Theologie der Universität Dortmund

Klaus Kutzer, Richter am Bundesgerichtshof
Bundesgerichtshof, Karlsruhe. Gründungsmitglied der Deutschen Hospizhilfe

Prof. Dr. med. Johann-Christoph Student
Arbeitsgruppe »Zu Hause sterben«, Evangelische Fachhochschule Hannover. Gründungsmitglied der Deutschen Hospizhilfe